Guía para el docente y solucionarios

Operaciones auxiliares de montaje y mantenimiento de sistemas microinformáticos

ic editorial

Editado por: IC Editorial
c/ Cueva de Viera, 2, Local 3
Centro Negocios CADI
29200 Antequera (Málaga)
Teléfono: 952 70 60 04
Fax: 952 84 55 03
Correo electrónico: iceditorial@iceditorial.com
Internet: www.iceditorial.com

Guía para el docente y solucionarios:
Operaciones auxiliares de montaje y mantenimiento de sistemas microinformáticos

1ª Edición

ISBN: 979-13-7027-112-1
Depósito Legal: MA 11-2026

Impresión: PODiPrint
Impreso en Andalucía - España

Índice

Bloque 1
Guía para el docente: técnicas de enseñanza y aprendizaje

Bloque 2
Solucionarios de ejercicios de repaso y autoevaluación

Bloque 1

Guía para el docente: técnicas de enseñanza y aprendizaje

Contenido

1. Introducción

El presente capítulo está destinado a ofrecer al cuerpo docente responsable de la enseñanza del programa de cualificaciones profesionales y certificados de profesionalidad, una guía metodológica para obtener el máximo rendimiento de los contenidos formativos que han sido desarrollados para el presente título.

La mejora de las habilidades comunicativas y la aplicación de una metodología contrastada de enseñanza, aprendizaje y evaluación permitirá transmitir el conocimiento y adquirir el programa formativo de la forma más efectiva y práctica posible.

Estudiaremos cuáles son los principales elementos que forman parte de la comunicación profesor-alumno, a través de una cuidada selección de sistemas de planificación de estrategias didácticas, así como la utilización de medios y recursos didácticos.

La integración de todas las actividades planificadas alrededor de un plan de formación adaptado e individualizado, aumentará además la satisfacción del alumnado por la utilización de un sistema no lineal e interactivo que se retroalimenta gracias a la relación establecida entre la propia metodología y los actores que forman parte de la enseñanza.

2. El programa de formación

Una de las claves del éxito de la mayoría de las actividades que se realizan en general, y concretamente en la formación, es la **programación.** Es necesaria la programación de las acciones formativas, para que así se pueda alcanzar el objetivo final, es decir, que el alumno obtenga una buena capacitación y adquiera nuevos conocimientos en su repertorio y que, después, sea capaz de emplearlos en su trabajo.

2.1. Definición de programación

Cuando se habla de **programación,** se pueden encontrar multitud de definiciones. Para sintetizar, se podría definir como la actividad de enunciar lo que se quiere hacer (objetivos, contenidos, métodos, temporalización, medios y recursos didácticos y evaluación).

Definición

Programación
Es un plan donde se establecen las acciones que se van a realizar en un proceso de enseñanza-aprendizaje, por medio de un formador o un equipo.

A continuación, se va a describir una serie de características que tiene que tener una programación didáctica:

- Dinámica. Una programación no es estática ni está acabada, siempre está en constante revisión, de ahí su dinamismo. Además va cambiando o evolucionando según los resultados de la evaluación continua que se va realizando durante la ejecución de la acción.
- Flexible. Esta característica permite que se puedan hacer cambios, ampliaciones, reducciones y actualizaciones de los contenidos y actividades programadas, según las necesidades que se observen.
- Creativa. La programación como es un diseño propio y exclusivo, exige creatividad y originalidad. El docente es el que decide sobre el quehacer en el aula teniendo en cuenta las características del grupo, las necesidades que se pretenden satisfacer y las propias posibilidades.
- Prospectiva. La programación consiste en hacer un pronóstico de la interacción que se va a producir en el aula.

- Sistemática. La programación es un proceso sistematizador que da coherencia a la acción formativa, ya que tiene en cuenta todos los elementos (objetivos, contenidos, métodos, temporalización, medios y recursos pedagógicos y evaluación) que intervienen en el acto educativo y analiza sus relaciones.
- Integradora. Permite integrar elementos de cualificación técnico-profesionales con elementos de cualificación personal de alumnado.
- Funcional. Toda programación debe basarse en el perfil profesional de la ocupación y estructurar los contenidos formativos que proporcionan las competencias de ésta.

2.2. Elementos de la programación

Antes de empezar cualquier programación formativa, es necesario tener en cuenta los datos obtenidos del análisis de la ocupación y del grupo al que se dirige la acción formativa. A partir de esta información, se determinan los elementos que van a conformar la programación.

Cuando se realiza la programación de un curso, hay que plantearse previamente las siguientes preguntas:

1. ¿Qué quiero conseguir con la formación?	**OBJETIVOS**
2. ¿Qué conocimientos deben asimilar los alumnos para alcanzar los objetivos propuestos?	**CONTENIDOS DEL CURSO**
3. ¿Cómo trabajamos en el aula? ¿Qué actividades son las que realizamos?	**MÉTODOS DE ENSEÑANZA**
4. ¿Cuánto tiempo tengo y cuánto dedico a cada módulo?	**TEMPORALIZACIÓN**
5. ¿Qué medios y recursos didácticos se necesitan para poder llevar a cabo esas actividades?	**MEDIOS Y RECURSOS DIDÁCTICOS**
6. ¿Cómo sabemos que se ha producido el aprendizaje?	**EVALUACIÓN**

3. Factores determinantes de la efectividad de la comunicación en el proceso de enseñanza-aprendizaje

En toda comunicación que se produzca en el proceso de enseñanza-aprendizaje, existen factores determinantes que obstaculizan o refuerzan este proceso.

3.1. Obstáculos de la comunicación

Relacionados con el emisor

- No expresar de forma clara qué mensaje se quiere transmitir.
- Comentar algo a lo largo de la explicación que no sea lo correcto y pueda resultar desagradable.
- Cambiar el tema de conversación.
- Desviarse del tema que se está tratando.
- No mirar al receptor cuando se quiere expresar algo.
- No estar atento a las señales que emite el receptor.
- Expresar alguna idea a través de los gestos que no se corresponda con la idea a comunicar.

Relacionados con el receptor

- No comprender las ideas que quiere expresar el emisor.
- No pedir explicación al emisor de aquella información que no le haya quedado clara.
- Interrumpir al emisor cuando está hablando.
- Captar algo diferente a lo que el emisor desea transmitir.

Relacionados con el mensaje

- Mensaje confuso.
- Mensaje muy corto.
- Mensaje muy extenso.
- Abuso de muletillas.
- Utilización de frases sin terminar.
- Dar "rodeos" para decir la idea principal.

Relacionados con el contexto

- No ser el momento adecuado para transmitir algo.
- No saber escoger el lugar oportuno.
- La presencia de ruidos y de interferencias.
- No pensar en las personas que están cerca.

Relacionados con el código

- No utilizar el mismo código que la persona con la que se habla o a la que se escucha.
- No adaptar el vocabulario a la situación o a la persona con la que se conversa.
- Utilizar el doble sentido.

3.2. Sugerencias para el mejor funcionamiento de la comunicación

Emisor

- Acostumbrarse a planificar la comunicación.
- Concretar visiblemente los objetivos.
- Buscar la retroalimentación en la comunicación.
- No tratar de impresionar al receptor.

Mensaje

- Que sea claramente entendido por el receptor.
- Que la terminología usada sea de referencia común.
- Que reclame la atención y el interés del alumnado.
- Que sea sencillo de interpretar.
- Que su contenido sea adecuado y convincente.
- Que produzca el máximo efecto posible.

Canal

- Que sea el más apropiado al grupo al que se dirige, al contenido del mensaje y al objetivo que persigue el formador.
- Que sea el que cause mayor impacto en el receptor.
- Que sea el más eficaz.
- Que sea el que mejor domine el formador.

4. La comunicación verbal y no verbal en el proceso instructivo

Los medios de comunicación pueden agruparse en dos grandes bloques: los **medios verbales,** que son aquellos que usan la lengua como código compartido; y los **medios no verbales,** que son los que se fundamentan en otros códigos simbólicos. A su vez, dentro de los medios verbales, están el medio escrito y el medio oral.

Cada uno de estos medios tiene sus ventajas y sus inconvenientes, por lo que la selección del medio deberá tener en cuenta las circunstancias y características que en cada caso presenta el comunicador, la audiencia y el mensaje que se ha de transmitir.

4.1. Los medios verbales

La comunicación verbal

La comunicación verbal se utiliza para comunicar ideas o dar información, opiniones, expresar o describir sentimientos, etc. Sirve de vehículo a los contenidos explícitos del mensaje. Para garantizar la efectividad de la comunicación, es necesario que el mensaje se presente de forma descriptiva y operativa, pero siempre teniendo muy en cuenta el código común del grupo al que va dirigida esta comunicación.

Un uso correcto del lenguaje oral ayuda a acercarse más a los alumnos. Los principales aspectos a considerar son los que aparecen a continuación.

Construcciones gramaticales

El objetivo será transmitir el mensaje de la manera más clara posible. Se deben evitar los giros rebuscados, la sintaxis complicada y las metáforas. En las explicaciones y conversaciones debe primar el contenido sobre la forma.

Vocabulario

Es importante saber qué palabras van a expresar mejor los conceptos que se desean transmitir y las que pueden ser comprendidas mejor por los alumnos. El análisis previo de los alumnos ayuda a saber qué términos técnicos se pueden utilizar sin problemas, cuáles se tienen que explicar y cuáles se deben evitar.

En general, siempre hay que mantenerse dentro de un lenguaje formal, evitando los vocablos demasiado coloquiales, las palabras extranjeras, las referencias académicas y expresiones de carácter religioso, político, deportivo o cultural, que pueden resultar agresivas para los alumnos.

Ejemplos

Los conceptos abstractos que pueden aparecer y que dificultan la adquisición de los contenidos, tienen que ser expresados mediante las explicaciones del formador, siempre apoyándose en la visualización.

La comunicación escrita

La comunicación escrita posee un carácter más veraz que la oral. La interacción que tiene lugar entre el emisor y el receptor no es inmediata, en algunas ocasiones no llega a producirse jamás. Este tipo de comunicación ofrece más oportunidades expresivas y mayor complejidad gramatical, sintáctica y léxica. También hay que tener en cuenta que a veces dificulta la expresión y/o puede no proporcionar *feedback* de manera inmediata.

4.2. Los medios no verbales

Al igual que las palabras, los elementos de la comunicación no verbal son signos que representan una idea (se excluyen todos los signos lingüísticos).

A diferencia de la comunicación verbal, su función no se centra sólo en la transmisión de contenido, sino que traspasa esa frontera para expresar también las emociones del emisor, controlar la interacción y proporcionar *feedback* del efecto que el mensaje produce en el receptor. Todas estas funciones son muy útiles para el formador, tanto en su tarea de transmisor de conocimientos como en la tarea de motivar y dirigir al grupo.

A continuación, se detallan las diferentes categorías en las que se agrupan los elementos de la comunicación no verbal.

Kinesia

Posturas

Una de las primeras cosas que el formador debe transmitir a sus alumnos es confianza y seguridad, lo que puede conseguirse a través de una postura erguida (sin llegar a ser arrogante), de pie, apoyándose sobre los dos pies y manteniendo la cabeza alta.

Esta postura es útil, especialmente durante la presentación del curso, porque ayuda a relajar el cuerpo, a facilitar la respiración y a controlar las muestras de nerviosismo, al tener un buen apoyo en el suelo.

A medida que avanza el curso, se pueden adoptar otras posturas que faciliten el descanso (apoyarse), el acercamiento (echar el cuerpo hacia delante) o que resten protagonismo (sentarse).

Gestos

Los gestos son un buen aliado del formador, excepto cuando éste se siente incómodo o nervioso. Gestos de carácter adaptador, como rascarse o colocarse la ropa, pueden delatar su estado emocional.

La mayoría de los gestos cumplen la función de reforzar el mensaje verbal (ilustradores), aunque existen otros cuya función es regular las intervenciones cuando se dirige una discusión de grupo.

Expresiones faciales

Las expresiones de la cara transmiten las emociones y permiten obtener fácilmente una respuesta del alumno.

Una expresión facial agradable, como una sonrisa no forzada, facilita la creación de un ambiente relajado en el aula. Una sonrisa puede ser muy útil también para romper la tensión que inevitablemente surge en algunas sesiones.

Mirada

La mirada, junto con la postura, es uno de los mejores métodos para transmitir confianza (en momentos de nerviosismo se tiende a apartar la vista) y para captar la atención de los alumnos.

Mientras el formador habla debe mantener la mirada sobre los alumnos la mayor parte del tiempo, mirándolos el tiempo suficiente como para que se sientan atendidos pero no incómodos. También se puede utilizar la mirada durante las discusiones de grupo, con una función reguladora de las distintas intervenciones.

Desplazamientos

Realizar desplazamientos en el aula capta la atención del alumnado, además de facilitar el contacto visual. Hay que procurar que no sean repetitivos o bruscos (pasear cerca de los alumnos), y cambiar de un recurso a otro (ir de la pizarra al retroproyector), etc.

Recuerde

Los recursos no verbales que estudia la Kinesia son:

- Posturas.
- Gestos.
- Expresiones faciales.
- Mirada.
- Desplazamientos.

Estos recursos pueden utilizarse tanto para reforzar lo que se expresa mediante la comunicación verbal como para sustituirlo.

Proxémica

El aspecto de la proxémica que más interesa es la proximidad física entre los individuos, ya que los alumnos pueden sentirse violentos si el formador se aproxima excesivamente a ellos o, por el contrario, verle distante si no se acerca.

Se debe prestar atención a este aspecto, tanto durante las intervenciones como al distribuir el espacio del aula que se va a emplear, evitando siempre que los asientos estén demasiado juntos o demasiado separados.

Paralingüística

Para captar la atención del público, los oradores suelen hacer uso de determinados aspectos como el tono de voz o las pausas, que en algunos casos pueden parecer exagerados.

El formador, aunque emplee el método de la lección magistral, no es un orador y, por tanto, no debe prestar especial atención a estos aspectos, excepto cuando le plantean algún problema, debido a la ansiedad, al cansancio o a un mal estado de salud. Practicar en voz alta y realizar grabaciones durante la fase de preparación puede ayudar a vencer estas dificultades.

Volumen

Aunque el aula sea pequeña, se tiene que realizar el esfuerzo de hablar lo suficientemente alto para que todos los alumnos oigan las explicaciones y, a la vez, transmitir confianza. En general, el volumen se ajustará instintivamente cuando se compruebe dónde se sitúa la persona que se encuentra más alejada.

Entonación

El problema más frecuente, especialmente si se está cansado, es la monotonía, que no contribuye a captar la atención ni a motivar a los alumnos.

El interés que el formador muestre por el tema y una correcta preparación le hará destacar los puntos clave y jugar con la entonación de una forma adecuada a lo largo de toda la exposición.

Pronunciación

Los problemas se presentan especialmente cuando se está nervioso o se habla demasiado rápido. Se debe hacer un esfuerzo por articular todas las palabras de manera limpia y clara, abriendo la boca lo suficiente para pronunciar correctamente las sílabas, consonantes y vocales.

Velocidad

Una velocidad correcta puede ayudar a resolver problemas de pronunciación y de entonación. Se debe hablar a una velocidad normal o algo superior, para facilitar el mantenimiento de la atención. No obstante, si se está nervioso, se puede hablar con mayor lentitud para facilitar la respiración y relajarse. También se debe reducir la velocidad cuando se expliquen conceptos técnicos complejos o cuando se espere alguna respuesta por parte de los alumnos.

Recuerde

Los elementos que trata la Paralingüística son:

- El volumen.
- La entonación.
- La pronunciación.
- La velocidad.

Proyección física

Existen determinados factores que, sin que la persona diga ni haga nada, transmiten información y hacen referencia a la imagen física que esta persona proyecta.

Es fundamental que el formador transmita una imagen positiva para los alumnos. Se debe cuidar el aspecto externo y los artefactos que se usen, como los adornos y prendas de vestir. La manera adecuada de vestir depende de la situación y siempre debe estar en consonancia con lo que cada colectivo de alumnos espera del formador.

Ejemplo

Sería negativo vestir pieles para impartir un curso cuyo objetivo fuese desarrollar actitudes positivas hacia la protección del medio ambiente.

En cualquier caso, se debe llevar ropa que resulte cómoda, bien cuidada y no demasiado llamativa. A los adornos y al peinado se aplican las mismas reglas que al vestido.

Importante

Un objetivo fundamental del formador es dirigir la atención de los alumnos hacia el contenido que está desarrollando, nunca hacia su persona.

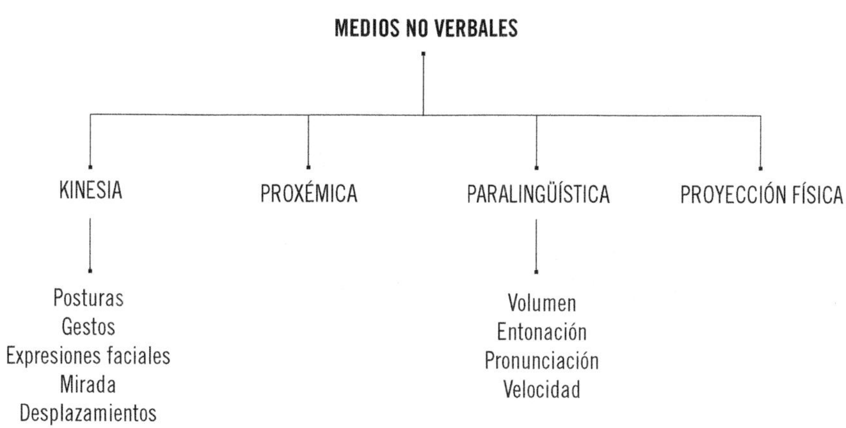

Finalmente, conviene recordar que si el formador observa atentamente la comunicación no verbal que expresan los alumnos, obtendrá una gran cantidad de información.

Hay numerosos signos no verbales que puede mostrar el alumno:

- **Atención:** posturas del cuerpo (inclinado hacia delante, hacia atrás...).
- **Necesidad de hablar:** movimientos sutiles de la boca, de la mano, etc.
- **Irritación:** movimiento de pies, manipulación de objetos sobre la mesa, etc.

- **Concentración:** tomar apuntes, mirar al docente, etc.
- **Cansancio:** cuerpo hundido, suspiros, etc.
- **Inercia:** silencios de todo el grupo, etc.
- **Desinterés:** cerrar el cuaderno, bostezar, mirar al vacío, etc.
- **Sorpresa:** levantar los brazos, abrir la boca, levantar las cejas, abrir los ojos, etc.

Si se observan estos elementos de forma atenta, se podrá obtener información sobre la comprensión del mensaje y el estado emocional de los alumnos, lo que será de gran utilidad para el formador durante el curso.

La comunicación no verbal aporta información al formador sobre los alumnos

5. Técnicas de secuenciación de contenidos

Una vez seleccionados los contenidos, hay que ordenarlos secuencialmente. La **secuenciación y estructuración de los contenidos** es el proceso que permite situarlos en una configuración que produce el máximo aprendizaje en el mínimo tiempo posible.

Algunas de las técnicas para la secuenciación de contenidos son las siguientes:

- Que los contenidos estén de acuerdo con los objetivos propuestos y con los plazos previstos para conseguirlos.

- Empezar por los contenidos más próximos y significativos para el alumno, para llegar poco a poco a lo desconocido. De esta manera, resultará más fácil introducir los nuevos contenidos.
- Ir de lo inmediato a lo remoto.
- Ir de lo concreto a lo abstracto.
- Ir de lo más fácil a lo más difícil. Esto motiva al alumnado porque le va mostrando los avances de manera rápida.

Las principales ventajas que este proceso conlleva son:

- Ayuda al participante a pasar de un conocimiento o habilidad a otro.
- Garantiza que los conocimientos y habilidades previas son alcanzados antes de introducir elementos nuevos.
- Reduce el tiempo de formación.
- Evita la confusión y los fallos en el participante.

Estos puntos son los principales aspectos a tener en cuenta cuando se realiza la presente fase de la programación de la formación, es decir, cuando se fijan los contenidos de la formación.

6. La selección y planificación de estrategias didácticas

Las personas que realizan un curso de formación son diversas, por ello es muy importante que las estrategias didácticas se adapten, de la mejor forma posible, al contexto y permitan una flexibilidad.

Definición

Estrategias didácticas
Son procedimientos que el formador emplea para facilitar el aprendizaje, con la intención de que éste sea significativo.

Tras la selección y estructuración de contenidos, llega el momento de decidir la modalidad de formación a seguir y la metodología a utilizar en su impartición. Pero esta decisión no se puede tomar arbitrariamente, sino que ha de basarse en unos criterios. Los criterios de decisión básicos para determinar qué estrategia y qué método de formación es el adecuado, son:

- La compatibilidad con los objetivos.
- Los principios generales del aprendizaje del adulto: individualización, motivación, utilidad, practicidad, intereses, etc.
- Los principios de rigor, realismo y participación.
- El carácter eminentemente aplicativo de los aprendizajes.
- La posibilidad de transferir los aprendizajes al puesto de trabajo.
- Los recursos disponibles, incluido el tiempo.
- Los factores relacionados con los participantes, como el estilo de aprendizaje, la edad, el tamaño del grupo, la motivación, etc.

Una vez escogido el método, se observa que ninguno es químicamente puro, sino que unos participan de otros. Por lo demás, todo método puede ser adecuado o inadecuado dependiendo del modo en que sea empleado.

Los formadores deben utilizar los métodos flexiblemente, de la forma que mejor se adapten al estilo de formación, a la materia y a los alumnos, complementando cada método con la técnica y recurso didáctico más acorde.

7. La selección y planificación de medios y recursos didácticos

Para realizar cualquier acción formativa, hace falta algo más que elegir y aplicar unos métodos y unas técnicas. Son necesarios los medios y recursos didácticos, que van a ayudar a desarrollar la metodología seleccionada en el aula. Los medios y recursos didácticos permiten el trasvase de información formador-alumno.

Definición

Medios didácticos
Son materiales elaborados para facilitar los procesos de enseñanza-aprendizaje.

Recursos didácticos
Son soportes mediante los cuales se presentan los contenidos del curso a los alumnos.

A la hora de escoger el medio o recurso a utilizar, se deben tener en cuenta los siguientes criterios:

- **Características de la materia o tema.** Dependiendo de la naturaleza de los contenidos, éstos pueden ser transmitidos por unos u otros métodos.
- **Los objetivos del curso.** Toda selección de medios y estrategias de enseñanza deben realizarse en función de éstos.
- **La disposición del aula y el número de alumnos.** Hay que tener cuidado, sobre todo en la visibilidad de alguno de los recursos, porque pueden perder eficacia.
- **Tiempo disponible para la formación.** Este elemento tiene que estar siempre presente, porque, en función del tiempo que se tenga, se elegirá lo que se adapte mejor a las necesidades.
- **Recursos disponibles,** ya que en algunas ocasiones están a nuestro alcance.
- **El uso que se haga de ellos,** cuál es la finalidad, qué es lo que se pretende y en qué momento se van a utilizar.
- **El nivel de conocimiento de los alumnos** sobre el tema.

Todos estos puntos se han de tener en cuenta a la hora de escoger un medio o recurso didáctico. La finalidad de éstos no es otra que la de fundamentar, apoyar y reforzar el acto formativo.

8. La planificación de la evaluación del proceso de enseñanza-aprendizaje

La aplicación de programas de formación lleva a la obtención de unos determinados resultados. Éstos serán los frutos de la formación y mostrarán el grado de eficacia y eficiencia con que se lleva a cabo la función formativa.

Los resultados indican el éxito de la formación mediante su contraste con los objetivos fijados anteriormente. Este procedimiento recibe el nombre de **evaluación,** proceso ampliamente conocido y con trascendencia reconocida para la formación. Según el proceso de evaluación aplicado, los resultados obtenidos serán reales y fiables, o bien, falseados.

Para que los resultados de la evaluación muestren con certeza el grado de éxito alcanzado con la formación, es necesario un requisito previo: el establecimiento de criterios de evaluación durante el proceso de planificación de la formación. Los criterios actúan como puntos de referencia, a partir de los cuales se valoran los resultados obtenidos.

Los criterios de evaluación han de fijarse con mucha atención, ya que determinan el proceso de evaluación, y éste juzga el grado de éxito de la función formativa.

El primer aspecto a tener en cuenta es la validez: los criterios de evaluación han de ser válidos en relación a los elementos del proceso formativo.

Los aspectos que determinan el grado de validez de los criterios de evaluación son:

- La relevancia.
- La no deficiencia.
- La no contaminación.
- Su fiabilidad.

El establecimiento de criterios válidos y fiables permitirá elaborar un proceso de evaluación de la formación que mida rigurosamente la eficacia y la eficiencia de la función formativa.

9. El seguimiento formativo

El seguimiento es un proceso continuo que sirve para evaluar la eficacia del uso de los recursos y para saber qué iniciativas se pueden emprender para mejorar el aprovechamiento de los recursos formativos.

El seguimiento, además de realizarse después de haber finalizado la planificación formativa, también se realiza antes de la acción.

9.1. Características

El seguimiento formativo permite evaluar los distintos componentes (desde los alumnos hasta todos los elementos que forman la programación) que intervienen en él durante todo el proceso de formación.

El seguimiento formativo se diferencia de la evaluación en que éste tiene que ver más con tareas organizativas, de coordinación, administrativas, etc.; sin embargo, la evaluación valora aspectos de los procesos de formación, como pueden ser la comunicación, el aprendizaje de los nuevos conocimientos, etc.

Con la realización adecuada de un seguimiento formativo:

- Se pueden **descubrir errores o desajustes** en el proceso de enseñanza-aprendizaje antes de que se realice la evaluación final para comprobarlos.
- Se pueden **corregir los errores** en el momento en el que se están produciendo.
- Además, **se detectan los aspectos positivos** que tienen lugar a lo largo de todo el proceso y las **posibles mejoras** que se pueden realizar.

El seguimiento formativo tiene que ser realizado por todas las personas que están implicadas en la realización de los cursos de formación (tutores, coordinadores, técnicos, etc.), por ello, el formador es una figura importante en el proceso de formación, ya que se encuentra implicado en él.

El proceso de formación debe estar planificado, pensado y planteado antes de que empiece la acción de formación, nunca debe llevarse a cabo de manera cerrada, sino que tiene que estar abierto a cualquier cambio que se considere necesario.

9.2. Finalidad

Son varias las finalidades que persigue el seguimiento formativo:

- Ayudar a comprender por qué ocurren algunas cosas y qué se puede hacer para intervenir en ese proceso que se está llevando a cabo.
- Identificar y solucionar los problemas que surgen a lo largo del proceso.
- Contribuir para elaborar planes de formación de manera objetiva, sin desviarse de la finalidad éste.
- Colaborar en la disminución y control del uso de los recursos materiales.
- Determinar el nivel que puede alcanzar el rendimiento y relacionarlo con el rendimiento actual.
- Diagnosticar y detectar problemas para llevar a cabo las acciones correctivas pertinentes.

9.3. Planificación

El seguimiento formativo debe planificarse antes y durante la acción formativa.

El objetivo de este seguimiento es comprobar la eficacia de la acción formativa antes de que ésta llegue a su fin, es decir, es necesario que durante este proceso todos los elementos que van a formar parte del aprendizaje estén planificados.

Los dos momentos que hay que tener en cuenta para planificar el seguimiento formativo son:

- **Antes de la acción formativa:** es necesario conocer las necesidades, el perfil del alumno, qué materiales, instrumentos, recursos, medios didácticos se van a usar.

- **Durante la acción formativa:** aquí el seguimiento se utiliza para comprobar los posibles errores y mejoras que se pueden llevar a cabo. Ofrece la posibilidad de poder modificar aquellas acciones o medios que dificultan el avance del aprendizaje.

10. Instrumentos para el seguimiento

A lo largo de un ciclo formativo pueden suceder errores y surgir problemas, esto abarca desde la identificación de necesidades hasta la planificación, el diseño, la implantación y la evaluación. Por todo esto, es importante saber cuál es la causa del problema y saber tomar las medidas oportunas para que no se origine nuevamente.

Para detectar el origen del problema, siempre se necesita una información determinada, ésta sólo se puede obtener mediante técnicas que ayuden a obtenerlas, es decir, que permitan recabar y analizar los datos obtenidos.

Para el seguimiento del proceso de enseñanza-aprendizaje, se pueden confeccionar diferentes tipos de instrumentos de evaluación, como pueden ser los cuestionarios y utilizar la observación directa, etc., si el tipo de formación lo permite (presencial o semipresencial). Estos instrumentos variarán según el tipo de datos que se quiera conseguir.

Un ejemplo de plantilla para recoger y analizar la información podría ser esta:

CURSO:		**1° Módulo**	**2° Módulo**	**3°Módulo**
Objetivos del módulo	Suficiente			
	Insuficiente			
	Adecuado			
	Inadecuado			

Continúa en página siguiente >>

<< Viene de página anterior

CURSO:		**1° Módulo**	**2° Módulo**	**3°Módulo**
Contenidos del módulo	Suficiente			
	Insuficiente			
	Adecuado			
	Inadecuado			
Metodología	Suficiente			
	Insuficiente			
	Adecuado			
	Inadecuado			
Actividades y recursos	Suficiente			
	Insuficiente			
	Adecuado			
	Inadecuado			
Recursos materiales	Suficiente			
	Insuficiente			
	Adecuado			
	Inadecuado			
Recursos humanos	Suficiente			
	Insuficiente			
	Adecuado			
	Inadecuado			
Proceso de evaluación	Suficiente			
	Insuficiente			
	Adecuado			
	Inadecuado			
Nivel de satisfacción del alumnado	Suficiente			
	Insuficiente			
	Adecuado			
	Inadecuado			

Para el seguimiento del aprendizaje, como la información que se obtiene es de diferente índole, se recogerá mediante la aplicación de las técnicas seleccionadas y elaboradas para la evaluación de cada uno de los aspectos planteados (observación directa de los trabajos, participación, cuestionarios acerca de la motivación y satisfacción del alumnado, etc.).

Por ejemplo, los contenidos que se podrían incluir en la "parrilla" de análisis son los siguientes:

CURSO		1er Módulo	2º Módulo	3er Módulo
Conceptos (comprende los contenidos conceptuales)	Con facilidad			
	Con normalidad			
	Con dificultad			
Procedimientos (aplica y desarrolla los contenidos procedimentales)	Con facilidad			
	Con normalidad			
	Con dificultad			
Actitudes (manifiesta las actitudes adecuadas a los contenidos)	Con facilidad			
	Con normalidad			
	Con dificultad			
Motivación y participación	Con facilidad			
	Con normalidad			
	Con dificultad			
Satisfacción del alumno	Con facilidad			
	Con normalidad			
	Con dificultad			

Dos de las herramientas básicas son:

- **Los diagramas de flujo:** éstos sirven para desglosar en forma de componentes, para presentar una clara imagen de lo que ocurre.
- **Los checklists:** éstos son especialmente útiles para garantizar que se han realizado todas las acciones necesarias. Es otro método de ayuda orientado a los formadores y participantes para preparar, utilizar y solucionar los problemas del equipamiento.

Otros métodos de seguimiento y control que pueden ayudar en la formación son:

- Las reuniones formales e informales.
- Pasar un informe de las sesiones, cuestionarios de satisfacción o formularios de evaluación del curso.
- Entrevistas de evaluación.

Recuerde

Algunos de los instrumentos de seguimiento más utilizados son:

- Cuestionario de satisfacción
- Cuestionario de motivación
- Observación directa
- Reuniones formales e informales
- Entrevistas de evaluación

11. Metodología de la evaluación del diseño de formación

Los métodos empleados en la evaluación siempre suelen son los mismos, independientemente de que se evalúen los objetivos, los contenidos, los recursos, etc. A pesar de esto, hay que tener en cuenta que no se deben utilizar todos los métodos que se van a nombrar, sino que todo dependerá de lo que se esté evaluando.

Los métodos más frecuentes son:

- Observación sistemática.
- Observación mediante observadores externos o internos del grupo.
- Análisis de trabajo.
- Entrevistas personales.
- Situaciones de simulaciones.

- Diálogos, debates.
- Cuestionarios específicos.
- Inventarios.
- Grabaciones en vídeo.
- Etc.

11.1. Evaluación de los objetivos

Cuando se diseña el programa formativo, se deben concretar los objetivos que serán objeto de evaluación al finalizar el curso, para comprobar si éstos se han alcanzado o no.

Los objetivos marcan aquellos aspectos claves que debe adquirir el alumno para alcanzar unas competencias determinadas. Éstos determinarán lo que el alumno será capaz de saber y saber hacer al acabar el curso, en unas condiciones dadas y con unos medios determinados.

Si, al finalizar el curso, se observa que los objetivos no se han cumplido en su totalidad, hay que analizar cuál ha sido la causa de este error y corregirlos. Si se han cumplido los objetivos, habrá que determinar los motivos de éxito, para volver a ponerlos en práctica en futuros cursos.

Los objetivos marcados al inicio de la formación sirven para:

- Dirigir la formación, es decir, saber hacia dónde se quiere llegar con ésta.
- Comprobar qué se ha logrado.
- Facilitar la evaluación, ya que se sabe cuáles son los objetivos que hay que evaluar.
- Reorientar la formación en el mismo momento que se está realizando.
- Elegir los métodos más adecuados para la formación.

La evaluación de los objetivos debe medirse atendiendo a:

- **Objetivos generales:** son utilizados para saber cuáles son las competencias generales.
- **Objetivos específicos:** parten de los objetivos generales.

- **Objetivos operativos:** son derivados de los específicos. Son objetivos más concretos y siempre deben estar relacionados con actividades u operaciones determinadas. Son los más fáciles de medir.

Objetivos específicos para evaluar un curso de primeros auxilios:

- Aprender los conceptos básicos y generales de los primeros auxilios.
- Adquirir las habilidades y aplicar los principios de actuación para poder reaccionar adecuadamente en situaciones de urgencia.
- Conocer los aspectos jurídicos relacionados.

11.2. Evaluación de los contenidos

La evaluación de los contenidos se realizará para comprobar si los objetivos que se habían marcado al principio de la formación se han logrado, así como para eliminar aquellos contenidos que no aportan nada al curso.

Se debe tener siempre en cuenta que se puede lograr un mismo objetivo de formación utilizando diversos contenidos.

Para evaluar los contenidos, hay que comprobar si se ha seguido una secuencia lógica a la hora de impartirlos. Esta secuencia permite que los contenidos sean adquiridos por los alumnos de una manera más significativa, es decir, facilita el aprendizaje de los mismos.

Para que la evaluación de los contenidos resulte positiva, éstos deben ir expuestos:

- De acuerdo con los objetivos propuestos y con los plazos previstos para conseguirlos.
- De lo conocido a lo desconocido.

- De lo inmediato a lo remoto.
- De lo concreto a lo abstracto.
- De lo fácil a lo difícil.

Otro aspecto a tener en cuenta para que la evaluación de los contenidos sea positiva, es que éstos se deben estructurar adecuadamente, por ejemplo, mediante módulos, unidades didácticas, etc. Éstas tienen que abarcar los conocimientos, las habilidades y las actitudes que capacitan al alumno para poner en práctica las funciones que desempeñará en su puesto de trabajo. Por lo general, se pueden constituir equivalencias entre objetivos generales y cursos, objetivos específicos y módulos, unidades didácticas, etc. así como entre objetivos operativos y sesión formativa,.

Ejemplo

Siguiendo el ejemplo anterior de primeros auxilios, los contenidos que se evaluarán para comprobar si se han logrado o no los objetivos anteriormente propuestos, son:

- Primeros auxilios: conceptos generales.
- Soporte vital básico (reanimación cardio-pulmonar)-adultos.
- Soporte vital básico-niños.
- Soporte vital instrumental.
- Traumatismos osteoarticulares. Inmovilizaciones (vendajes y férulas improvisadas).
- Movilización de urgencia y posiciones de espera.
- Traumatismos craneales y vertebro-medulares.
- Otras situaciones de emergencia.

11.3. Evaluación de la metodología

La evaluación de la metodología consiste en comprobar que los métodos que se han utilizado son los adecuados para lograr los objetivos formativos, aunque éstos deben ser flexibles a la hora de utilizarlos, ya que deben adaptarse a la materia tratada, a los alumnos, a los recursos disponibles, etc.

Para conseguir que la evaluación de la metodología sea positiva, se deben tener en cuenta las características que se emplean para definir un método. Éstas pueden ser:

- Presentar y mostrar la problemática del tema para que, a través de la reflexión y el esfuerzo, el alumno pueda resolverla.
- Respetar tanto la libertad de expresión como de creación.
- Las actividades que están destinadas al alumno tienen que ser dirigidas por el formador para que el alumno reflexione y participe.
- Motivar al alumno, relacionando los temas con sus intereses, motivaciones y necesidades.
- Organizar los nuevos aprendizajes para que se integren con los ya adquiridos.
- Tener en cuenta las limitaciones y las posibilidades que tiene cada alumno.
- Dar lugar a la acción individualizada a través de tareas que requieran planteamientos y acciones individualizadas.

11.4. Evaluación de actividades y recursos

Las **actividades** son unos elementos que acompañan a los contenidos formativos, ya que éstas refuerzan los contenidos que son expuestos por el formador. Siempre debe existir coordinación entre ambos, para esto se deben seleccionar adecuadamente tanto los métodos como las técnicas.

Para evaluar las diversas actividades que se han desarrollado, hay que formular una serie de preguntas para saber si las actividades han sido eficaces o han fallado en su ejecución. Algunas de estas preguntas pueden ser:

- ¿Qué ha hecho el alumno?
- ¿Ha sabido aplicar los conocimientos necesarios para lograr resolver las actividades?
- ¿Valora y comprende la finalidad de la actividad?
- ¿Ha mostrado interés en la realización de la misma?
- ¿Qué ha aprendido?
- ¿Han sido válidas las actividades?

- ¿Cuáles han fallado? ¿Por qué?
- ¿Se han alcanzado los objetivos?
- Etc.

Junto con las actividades, los recursos también tienen que ser evaluados, ya que de ellos va a depender en cierta manera la eficacia de las actividades. Por eso, en la evaluación de los recursos hay que tener en cuenta la eficacia de aquellos que se han utilizado y cuáles son los que se hubieran necesitado para desarrollar el curso.

Se pueden distinguir varios criterios para evaluar la eficacia de los recursos:

- Su calidad, porque actúa como mediador entre la realidad y la estructura cognitiva del alumno.
- El contexto metodológico, ya que todo va a depender de la metodología usada por el formador.
- Los propios alumnos, sus motivaciones, intereses, etc.
- La experiencia del formador en el manejo de los diversos recursos, sus habilidades, etc.

También es necesario tener en cuenta qué evaluar de los recursos:

- La rentabilidad de éstos.
- El aprovechamiento para distintas finalidades.
- El mantenimiento.
- La actualización, deben adaptarse a las nuevas tecnologías.
- La adecuación al proceso de enseñanza-aprendizaje.
- Posibilitar la acción, estimular y responder a las curiosidades presentes en el alumnado.

11.5. Evaluación del formador

La figura del formador es muy importante a lo largo de todo el proceso formativo, ya que, en cierta manera, el éxito o el fracaso de la formación recae sobre él, por lo tanto, es imprescindible conocer previamente a la persona que va a impartir un curso.

El formador es el mediador entre los contenidos y los alumnos, por lo que debe evaluarse de forma continua y a lo largo de todo el proceso de enseñanza-aprendizaje, así como al final del proceso, momento en que se comprobará si los métodos y estrategias que ha diseñado y utilizado han sido los adecuados, introduciendo posibles modificaciones para las prácticas futuras.

La evaluación del formador se puede realizar desde varias vertientes, en cada una de ellas se evalúan aspectos diferentes, pero todas persiguen el mismo fin, que es fomentar la calidad de la formación.

Evaluación realizada por los alumnos

Los alumnos pueden evaluar aspectos como la relación del formador con los alumnos, la organización de las sesiones, el control de clase, la efectividad de la enseñanza, etc.

En la siguiente tabla se muestra un cuestionario a modo de ejemplo:

Marque la opción que más se adecúe a las características que prevalecieron a lo largo del curso
1. Las oportunidades que tuve para realizar preguntas en clase fueron: a. Frecuentes b. Regulares c. Escasas d. Muy escasas
2. El interés que mostró el formador respecto a los alumnos fue: a. Satisfactorio b. Regular c. Poco d. Muy pobre
3. El clima existente en el aula fue: a. Bueno b. Regular c. Tenso d. Malo

Continúa en página siguiente >>

<< Viene de página anterior

Marque la opción que más se adecúe a las características que prevalecieron a lo largo del curso

4. En la prueba final se evaluaban los contenidos dados a lo largo del curso:
   a. Sí
   b. No

5. El material presentado en el curso fue:
   a. Original
   b. Poco original
   c. Nada original

6. Las actividades que realicé para asimilar los contenidos fueron:
   a. Útiles
   b. Regulares
   c. Pobres
   d. Inútiles

7. El contenido marcado para el curso se expuso en su totalidad:
   a. Sí
   b. No

8. El grupo de alumnos afectó a mi aprendizaje:
   a. De manera positiva
   b. De manera negativa
   c. No me afectó

9. El material audiovisual me pareció:
   a. Atractivo
   b. Regular
   c. Inadecuado

10. Los procesos, problemas y soluciones experimentados en el trabajo en grupo fueron:
   a. Bien planteados
   b. Regular planteados
   c. Mal planteados

11. Las exposiciones por parte del docente me parecieron:
   a. Buenas
   b. Regulares
   c. Malas

Continúa en página siguiente >>

<< Viene de página anterior

Marque la opción que más se adecúe a las características que prevalecieron a lo largo del curso
12. La actuación del profesor durante el curso evidenció: a. Un elevado conocimiento de la materia b. Un mediano conocimiento c. Un escaso conocimiento
13. El profesor supo controlar las conductas perturbadoras sucedidas a lo largo del curso de forma: a. Eficaz b. Regular c. Ineficaz
14. El ritmo que siguió el profesor al exponer los contenidos me pareció: a. Muy bueno b. Satisfactorio c. Monótono
15. La secuencia de presentación de los contenidos del curso fue: a. Lógica b. Regular c. Arbitraria
16. La actuación del profesor despertó interés y motivación: a. Muchas veces b. Algunas veces c. Pocas veces d. Ninguna vez

Evaluación realizada por el propio formador

En esta evaluación, el formador va a evaluar la preparación del curso, el desarrollo del mismo, y también realizará una evaluación propia de su actuación como formador.

En la siguiente tabla se muestra un cuestionario a modo de ejemplo:

Marque la opción que más se adecúe a las características que prevalecieron a lo largo del curso

A. PREPARACIÓN DEL CURSO

1. ¿Cómo ha sido el tiempo con el que ha contado?
   a. Suficiente
   b. Insuficiente

¿Por qué? ______________________________

2. ¿Cómo considera la distribución de las sesiones del curso?
   a. Adecuadas
   b. Inadecuadas

¿Por qué? ______________________________

3. ¿Ha dispuesto de las guías didácticas del curso?
   a. Sí
   b. No

¿Por qué? ______________________________

4. ¿Ha dispuesto de los recursos necesarios para la preparación de sus sesiones?
   a. Sí
   b. No

¿Cuáles le han hecho falta? ______________________________

5. Teniendo en cuenta su nivel de formación, ¿ha necesitado apoyo por parte de la dirección del curso?
   a. Sí
   b. No

¿Cómo ha sido el apoyo? ______________________________

B. DESARROLLO DEL CURSO

6. ¿El desarrollo de las sesiones (distribución y tiempo) se ha correspondido con la planificación prevista?
   a. Sí
   b. No

7. ¿La metodología utilizada para el desarrollo de las sesiones ha propiciado la participación e implicación del alumnado?
   a. Sí
   b. No

¿Por qué? ______________________________

Continúa en página siguiente >>

<< Viene de página anterior

Marque la opción que más se adecúe a las características que prevalecieron a lo largo de curso

8. ¿Considera que el clima del curso ha sido el adecuado?
   a. Sí
   b. No

¿Por qué? ____________________

9. ¿El contexto donde se ha desarrollado el curso ha sido adecuado y oportuno?
   a. Sí
   b. No

¿Por qué? ____________________

10. ¿Ha conseguido los objetivos propuestos?
   a. Sí
   b. No

¿Por qué? ____________________

C. AUTOEVALUACIÓN

11. Evalúe de 1 a 4 los siguientes apartados relacionados con su intervención como formador, donde:
    1. Considero imprescindible mejorar mi formación en este aspecto.
    2. Considero necesario mejorar mi formación en este aspecto.
    3. Cuento con recursos necesarios para el desarrollo ajustado del curso, pero podría encontrar dificultades si éste cambia el rumbo prefijado.
    4. Mi formación al respecto es adecuada y dispongo de recursos suficientes para el desarrollo óptimo del curso.

	1	2	3	4
Dominio de los contenidos				
Metodología/didáctica empleada				
Comunicación con el alumnado				
Trabajo en equipo				

D. AMPLIACIÓN

Puede anotar a continuación cualquier aportación que desee realizar y no haya sido considerada en este cuestionario.

____

____

11.6. Tipos de evaluación

Existen diferentes tipos de evaluación, cada una se aplicará atendiendo a diferentes criterios.

Según su finalidad o función de la evaluación

Diagnóstica

Esta evaluación, como su nombre indica, tiene un carácter diagnóstico, ya que permite que se conozcan las potencialidades del alumno. De esta manera, la actividad didáctica se dirige de forma más efectiva.

Formativa

Se utiliza como estrategia para mejorar y ajustar los procesos formativos en el momento que se están llevando a cabo, para alcanzar las metas y los objetivos marcados. La evaluación formativa es aplicable a la evaluación de procesos.

Sumativa

Se aplica a la evaluación de productos terminados, es decir, se sitúa concretamente cuando finaliza un proceso, cuando éste se considera acabado. Su propósito es determinar el grado en que se han conseguido los objetivos establecidos, para evaluar de forma positiva o negativa el resultado. Esta evaluación permite tomar medidas tanto a medio como a largo plazo.

Según el momento de aplicación de la evaluación

Inicial

Se produce al principio del proceso de enseñanza-aprendizaje. La función que tiene la evaluación inicial es identificar el nivel de conocimientos que tienen los alumnos que inician un curso y, de esta manera, comprobar si los alumnos cuentan con los conocimientos necesarios para comenzarlo, y determinar si es posible impartirlo de acuerdo al programa formativo o si se requiere alguna modificación.

Procesual

La evaluación procesual se basa en valorar, de forma continua, el aprendizaje de los alumnos y la enseñanza del profesor, a través de la recogida sistemática de datos, toma de decisiones, etc.

La evaluación procesual es totalmente formativa, ya que, al favorecer la recogida continua de datos, permite tomar decisiones en el mismo momento que se considere necesario.

Los resultados que se obtienen forman la base permanente para el formador a la hora de programar las actividades diarias, así como para establecer las actividades y los procedimientos más apropiados. De esta manera, se evitan las dificultades que se puedan producir en los aprendizajes que se están llevando a cabo. La finalidad de todo esto es evitar errores y vacíos en los aprendizajes posteriores.

Final

La evaluación final es aquella que se realiza al finalizar la formación, por lo tanto ésta recoge y valora los resultados obtenidos a lo largo de un periodo formativo.

Según su extensión

Global

Tiene en cuenta todos los elementos y procesos que guardan relación con todo lo que es objeto de evaluación. Por ejemplo, si se trata de evaluar el proceso de aprendizaje de los alumnos, esta evaluación se centra en todas las áreas en general, pero sobre todo en los diversos tipos de contenidos de enseñanza (conceptos, procedimientos, valores, normas, etc.).

Parcial

Esta evaluación no se realiza de manera global, sino que se lleva a cabo por partes, es decir, evalúa los componentes que más interesan.

Según los agentes que realizan la evaluación

Autoevaluación o evaluación interna

Es el proceso sistemático mediante el cual una persona o grupo examina y valora sus procedimientos, comportamientos y resultados, para identificar qué quiere corregir o modificar en él. La evaluación interna muestra que los alumnos están más motivados a la hora de realizar una tarea difícil. La puesta en práctica de la autoevaluación no conlleva que el profesorado abandone sus funciones, sino que implica una concepción diferente de la enseñanza.

La autoevaluación ofrece al estudiante ayuda para descubrir sus necesidades, cantidad y calidad de su aprendizaje, causas de sus problemas, dificultades y éxitos en el estudio. De esta manera, el alumno puede conocerse de manera más concreta.

Heteroevaluación o evaluación externa

La evaluación externa es realizada o llevada a cabo por otra persona que no es el protagonista del aprendizaje. En esta evaluación, lo más frecuente es que el profesor evalúe al alumno.

TIPOS DE EVALUACIÓN	
Según su finalidad o función	- Diagnóstica - Formativa - Sumativa

Continúa en página siguiente >>

<< Viene de página anterior

TIPOS DE EVALUACIÓN	
Según su momento de aplicación	- Inicial - Procesual - Final
Según su extensión	- Global - Parcial
Según los agentes que la realizan	- Autoevaluación o evaluación interna - Heteroevaluación o evaluación externa

Bloque 2
Solucionarios de ejercicios de repaso y autoevaluación

Contenido

Solucionario 1

Montaje de componentes y periféricos microinformáticos

Solucionario Capítulo 1

1. **La corriente eléctrica en un conductor es generada por el movimiento de...**

    a. ... los neutrones a través del conductor.
    b. ... los electrones a través del conductor.
    c. ... los protones a través del conductor.

2. **Indique la unidad de medida y la letra que representa a la intensidad eléctrica.**

    a. La letra "I" y el amperio.
    b. La letra "V" y el voltio.
    c. La letra "R" y el ohmio.
    d. La letra "P" y el vatio.

3. **Indique la unidad de medida y la letra que representa a la potencia eléctrica.**

    a. La letra "I" y el amperio.
    b. La letra "V" y el voltio.
    c. La letra "R" y el ohmio.
    d. La letra "P" y el vatio.

4. **Indique la unidad de medida y la letra que representa a la diferencia de potencial o tensión eléctrica.**

    a. La letra "I" y el amperio.
    b. La letra "V" y el voltio.
    c. La letra "R" y el ohmio.
    d. La letra "P" y el vatio.

5. **Indique la unidad de medida y la letra que representa a la resistencia eléctrica.**

    a. La letra "I" y el amperio.
    b. La letra "V" y el voltio.
    c. La letra "R" y el ohmio.
    d. La letra "P" y el vatio.

6. **Indique el dispositivo así como la forma de conexión con el receptor de este para medir la intensidad eléctrica.**

   a. El voltímetro y se conecta en paralelo.
   b. El óhmetro y se conecta en paralelo.
   c. El amperímetro y se conecta en serie.

7. **Indique el dispositivo así como la forma de conexión con el receptor de este para medir la tensión eléctrica.**

   a. El voltímetro y se conecta en paralelo.
   b. El óhmetro y se conecta en paralelo.
   c. El amperímetro y se conecta en serie.

8. **Indique el dispositivo así como la forma de conexión con el receptor de este para medir la resistencia eléctrica.**

   a. El voltímetro y se conecta en paralelo.
   b. El óhmetro y se conecta en paralelo.
   c. El amperímetro y se conecta en serie.

9. **Si conocemos la intensidad de la corriente que pasa por una resistencia así como su resistividad, ¿cómo aplicamos la ley de ohm para calcular la tensión que pasa por ella?**

   a. V = I x R.
   b. V = I/R.
   c. V = R/I.

10. **En un circuito con varias resistencias conectadas en serie...**

    a. ... la caída de tensión en cada resistencia es la misma y varía la intensidad que pasa por cada una de ellas.
    b. ... la intensidad que circula por todas las resistencias es la misma y varía la caída de tensión que provoca cada una de ellas.
    c. Todas las opciones son incorrectas.

Solucionario Capítulo 2

1. **Los componentes electrónicos se suelen recubrir de algún material aislante (cerámico, plástico) dejando sus patillas o terminales fuera para permitir su conexión al circuito, es lo que se denomina...**

   a. ... envoltura.
   b. ... encapsulado.
   c. Cualquiera de las dos opciones anteriores es correcta.

2. **En todo resistor se pueden distinguir algunas características fundamentales que los definen. Estas son:**

   a. El valor nominal y la intensidad.
   b. El valor nominal y la resistencia.
   c. El valor nominal y la tolerancia.
   d. Cualquiera de las opciones anteriores es correcta.

3. **Indique el valor correcto del marcado de una resistencia SMT.**

   a. La etiqueta "330" corresponde a 330 ohmios.
   b. La etiqueta "3R3" corresponde a 33 ohmios.
   c. La etiqueta "3301" corresponde a 33 kiloohmios.
   d. La etiqueta "R33" corresponde a 0,33 ohmios.

4. **Indique si la siguiente frase es verdadera o falsa.**

   Los condensadores se caracterizan por su capacidad, (C), que es la propiedad que tienen de almacenar mayor o menor cantidad de carga eléctrica.

   ☑ **Verdadero**
   ☐ Falso

5. **Para que un diodo rectificador se comporte como un cortocircuito, ¿cómo se debe conectar?**

    a. **En polarización directa.**
    b. En polarización inversa.
    c. Es indiferente.
    d. De ninguna, un diodo rectificador no puede comportarse como un cortocircuito.

6. **En un diodo LED, ¿qué terminal es el más largo?**

    a. **El ánodo.**
    b. El cátodo.
    c. Son los dos iguales.

7. **En un transistor bipolar...**

    a. ... el colector emite portadores, el emisor los recibe y la base regula el paso de dichos portadores.
    b. ... la base emite portadores, el colector los recibe y el emisor regula el paso de dichos portadores.
    c. **... el emisor emite portadores, el colector los recibe y la base regula el paso de dichos portadores.**

8. **La función de la fuente de alimentación de un dispositivo electrónico es:**

    a. Transformar la corriente alterna en continua.
    b. Proporciona el rango de tensión que necesita el dispositivo.
    c. Estabilizar la tensión protegiendo al dispositivo de las fluctuaciones de la red.
    d. **Todas las opciones anteriores son correctas.**

9. **¿Cómo se puede evitar las ESD si no se dispone de elementos diseñados al efecto y se necesita manipular un dispositivo electrónico?**

    a. **Descargarse tocando un material conductor conectado a tierra.**
    b. Descargarse tocando un material aislante conectado a tierra.

10. Las áreas de protección electrostáticas o EPA, pretenden proteger los componentes sensibles a ESD mediante ...

a. ... la puesta a tierra de todos los materiales conductores.
b. ... la puesta a tierra de los trabajadores.
c. **Cualquiera de las opciones anteriores es correcta.**

Solucionario Capítulo 3

1. **¿Qué elementos de la arquitectura de Von Neumann reúne el microprocesador?**

   a. La memoria y la ALU.
   b. La memoria y la unidad de control.
   c. La unidad de control y la ALU.
   d. La unidad de entrada y la unidad de salida.

2. **¿Cuál es el tamaño de caja de ordenador más pequeña?**

   a. Las "Mini PC" o "Mini-ITX".
   b. Las "Mini PC" o "Mini Torre".
   c. Las "Semitorre".
   d. Las "Sobremesa".

3. **El conector para alimentar la placa base usado actualmente por las fuentes de alimentación de los PC es:**

   a. AT.
   b. ATX.
   c. Todas las opciones son correctas.

4. **¿Qué componentes incluye la placa base de un PC?**

   a. El chipset.
   b. Los buses.
   c. El BIOS y la RAM CMOS.
   d. Todas las opciones son correctas.

5. **Indique si la siguiente frase es verdadera o falsa.**

   a. Se sabrá el rendimiento de un microprocesador con solo mirar la frecuencia de reloj a la que trabaja.

      ☐ Verdadero
      ☑ **Falso**

6. **¿Qué tipo de zócalo utilizan los procesadores actuales para su inserción en la placa base?**

   a. Los PGA.
   b. Los ZIF.
   c. Los LGA.
   d. Dependerá del fabricante.

7. **¿Qué módulos de memoria se utilizan en los ordenadores portátiles?**

   a. Los DIP.
   b. Los SIMM.
   c. Los DIMM.
   d. Los SO-DIMM.

8. **¿Cuál es la característica que se observa para determinar la velocidad de un disco duro?**

   a. La velocidad de rotación.
   b. El tiempo de acceso.
   c. La tasa de transferencia.
   d. La cantidad de memoria caché.

9. **¿Qué bahías de expansión permiten la conexión en caliente de tarjetas?**

   a. Las ISA.
   b. Las PCI.
   c. Las AGP.
   d. Las PCI-Express.

10. **¿Cuál es el bus más alto en la jerarquía y por tanto el más rápido?**

   a. El bus de sistema.
   b. El bus de expansión.
   c. El bus dedicado.
   d. El bus externo.

Solucionario Capítulo 4

1. **¿En qué se diferencian el puerto serie y el paralelo principalmente?**

    a. **El puerto serie emite un bit cada vez y el paralelo transmite 8 bits de una vez.**
    b. El puerto paralelo emite un bit cada vez y el serie transmite 8 bits de una vez.
    c. El puerto serie utiliza un conector más grande que el paralelo.

2. **¿Qué puertos son capaces de alimentar a los dispositivos que se conectan a ellos?**

    a. El paralelo.
    b. El USB.
    c. El *firewire.*
    d. **Tanto el USB como el *firewire.***

3. **¿Los puertos PS2 para ratón y teclado están diferenciados en un PC por colores?**

    a. Sí, el violeta para el ratón y el verde para el teclado.
    b. **Sí, el verde para el ratón y el violeta para el teclado.**
    c. Sí, pero no son unos colores fijos.
    d. No se diferencian en nada, además son intercambiables.

4. **¿Se pueden encontrar distintos tipos de conectores para el monitor?**

    a. Sí, RGB, USB y HDMI.
    b. Sí, USB, *firewire* y DisplayPort.
    c. **Sí, RGB, DVI, HDMI y DisplayPort**
    d. Sí, DVI y *firewire.*

5. **¿Cuál es el conector que se puede utilizar para conectar un ordenador a una red local ethernet?**

    a. **El RJ45.**
    b. El RJ11.
    c. Cualquiera de los dos anteriores.
    d. Todas las opciones son incorrectas.

6. Relacione los estándares inalámbricos siguientes con el tipo de tecnología que utilizan.

a. Bluetooth
b. IrDA
c. Wifi

a. Radiofrecuencia
c. Radiofrecuencia
b. Infrarrojos

7. Relacione cada tecnología inalámbrica con el ancho de banda máximo que ofrece.

a. *Bluetooth*
b. Zigbee
c. Wifi
d. IrDA

b. 250 Kbps
d. 4 Mbps
a. 50 Mbps
c. 1.300 Mbps

8. El cableado de red de fibra óptica es el que ofrece...

a. ... más ancho de banda.
b. ... un menor coste.
c. ... menor atenuación de la señal con la distancia.
d. Todas las opciones son correctas.

9. El cableado de red de par trenzado es el que ofrece...

a. ... más ancho de banda.
b. ... un menor coste.
c. ... menor atenuación de la señal con la distancia.
d. Todas las opciones son correctas.

10. El cableado de red de cable coaxial es el que ofrece...

a. ... más ancho de banda.
b. ... un menor coste.
c. ... menor atenuación de la señal con la distancia.
d. Todas las opciones son incorrectas.

Solucionario Capítulo 5

1. **El monitor del ordenador es un periférico de...**

   a. ... entrada.
   b. .. salida.
   c. ... entrada/salida.
   d. ... comunicaciones.

2. **El teclado del ordenador es un periférico de...**

   a. ... entrada.
   b. ... salida.
   c. ... entrada/salida.
   d. ... comunicaciones.

3. **La ventaja del monitor CRT frente al TFT es:**

   a. El tamaño y ligereza.
   b. El menor daño a la visión del usuario.
   c. La velocidad de refresco y fidelidad de color.
   d. Todas las opciones son incorrectas.

4. **Los monitores LCD-TFT...**

   a. ... pueden trabajar a cualquier resolución de pantalla.
   b. ... solo trabajan correctamente a la resolución nativa de pantalla.
   c. ... tienen una definición mejor que los CRT.
   d. .. tienen un contraste mejor que los CRT.

5. **El teclado se conecta al PC por:**

   a. DIN 5.
   b. PS/2.
   c. USB.
   d. Todas las opciones son correctas.

6. **¿En qué se diferencian un ratón óptico de uno láser?**

   a. **En el sensor de movimiento, uno es óptico y el otro laser.**
   b. En los botones.
   c. En que usan conectores distintos, uno es PS/2 y el otro USB.
   d. En nada, son dos nombres para el mismo tipo de ratón.

7. **¿Qué conectores puede utilizar una impresora para conectarse al PC?**

   a. Serie, paralelo y PS/2.
   b. USB, PS/2 y paralelo.
   c. Serie, USB y DIN5.
   d. **Serie, paralelo, USB y RJ45.**

8. **¿Qué tipo de impresora es la indicada para imprimir en papel continuo?**

   a. La impresora de inyección de tinta.
   b. La impresora laser.
   c. **La impresora de impacto.**
   d. La impresora multifunción.

9. **El modem permite...**

   a. ... comunicarnos con otro ordenador mediante cable de fibra óptica.
   b. **... comunicarnos con otro ordenador mediante la red telefónica conmutada.**
   c. ... comunicarnos con otro ordenador mediante una red Ethernet.
   d. Todas las opciones son correctas.

10. **La tarjeta de red permite...**

   a. ... comunicarnos con otro ordenador mediante cable de fibra óptica.
   b. ... comunicarnos con otro ordenador mediante la red telefónica conmutada.
   c. **... comunicarnos con otro ordenador mediante una red Ethernet.**
   d. Todas las opciones son correctas.

Solucionario Capítulo 6

1. Si se tiene un componente que hay que instalar en una bolsa antiestática...

a. ... se debe sacar de la bolsa lo primero de todo.
b. ... se debe mantener en la bolsa hasta que se vaya a montar.
c. ... es indiferente.
d. Todas las opciones son incorrectas.

2. Si no se tiene una muñequera antiestática, ¿cómo se pueden evitar las descargas de electricidad estática?

a. Evitando tocar cualquier objeto conductor de electricidad.
b. Tocando cualquier objeto aislante.
c. Tocando algún objeto conectado a tierra como el chasis del ordenador.
d. Todas las opciones son correctas.

3. Los tacos o sujetadores de la placa base tienen una rosca macho y otra hembra, siendo la rosca macho...

a. ... 6-32 y la hembra de rosca M3.
b. ... M3 y la hembra de rosca 6-32.
c. ... 6-32 y la hembra de rosca M3 o 6-32.
d. ... M3 o 6-32 y la hembra de rosca 6-32.

4. Las cabezas de todos los tornillos del PC son del tipo...

a. ... phillips, también llamado plano.
b. ... phillips, también llamado de estrella.
c. ... plano.
d. Las respuestas a y b son correctas.

5. **Señale si la siguiente frase es verdadera o falsa.**

   Como norma general es necesario apretar mucho los tornillos de los componentes del PC, ya que es un dispositivo que va a estar sometido a movimientos y vibraciones.

   - ☐ Verdadero
   - ☑ **Falso**

6. **Según el tipo de placa que se vaya a instalar y su formato, ¿se deben montar los tacos de sujeción en unos lugares u otros?**

   a. No, todas las placas base tienen los taladros de instalación en el mismo sitio.
   b. Sí, ya que según el factor de forma tienen los taladros en distintos lugares.
   c. Sí, pero las placas ATX y microATX sí tienen los mismos taladros de instalación.
   d. Todas las opciones son incorrectas.

7. **Para instalar un microprocesador con encapsulado LGA en el zócalo de la placa base se deberá...**

   a. ... alinear las patillas con los huecos del zócalo y empujar el micro.
   b. ... levantar la palanca que retira la presión de las patillas introducir el micro y cerrar la palanca para que apriete las patillas del micro.
   c. ... levantar la tapa del zócalo, alinear los contactos del micro correctamente, cerrar la tapa del zócalo y fijarlo con el cierre.
   d. Cualquiera de los casos anteriores. Dependerá de la marca del micro.

8. **Para instalar un módulo de memoria DDR2...**

   a. ... se colocará el módulo perpendicularmente al *slot* y lo se presionará hasta que se cierren las presillas de sujeción.
   b. ... se apoyará el módulo en el *slot* con un ángulo de 45º y se presionará hacia atrás hasta que se cierren las presillas de sujeción.
   c. ... dependerá del la marca del módulo y de los *slots* de la placa base.
   d. Todas las opciones son incorrectas.

9. Para instalar un disco duro SATA se tiene que...

a. ... configurar antes los jumpers para indicar si el disco será maestro o esclavo en el canal.
b. ... conectar el cable SATA en un puerto libre de la placa y el otro extremo en el conector del disco.
c. ... instalar la tarjeta controladora SCSI y después conectar el disco a esta e instalar los *drivers.*
d. Todas las opciones son incorrectas.

10. Para instalar un disco duro IDE se tiene que...

a. ... configurar antes los jumpers para indicar si el disco será maestro o esclavo en el canal.
b. ... conectar el cable SATA en un puerto libre de la placa y el otro extremo en el conector del disco.
c. ... instalar la tarjeta controladora SCSI y después conectar el disco a esta e instalar los *drivers.*
d. Todas las opciones son incorrectas.

Solucionario Capítulo 7

1. **Un concentrador o hub repite el paquete recibido por un puerto...**

    a. ... en el resto de puertos.
    b. ... en el puerto que lo hará llegar a destino.
    c. Todas las opciones son correctas.

2. **Un conmutador o *switch* repite el paquete recibido por un puerto...**

    a. ... en el resto de puertos.
    b. ... en el puerto que lo hará llegar a destino.
    c. Todas las opciones son correctas.

3. **La topología física de conexión de los equipos de red ethernet como en el caso de un switch es:**

    a. En bus.
    b. En estrella.
    c. En malla.
    d. Todas las opciones son correctas.

4. **¿Cómo se ha de realizar la conexión en cascada de varios equipos de red?**

    a. Con un cable directo entre el puerto Up-Link de un equipo al puerto Up-Link del otro.
    b. Con un cable cruzado entre el puerto Up-Link de un equipo al puerto Up-Link del otro.
    c. Con un cable directo entre el puerto Up-Link de un equipo a un puerto de usuario del otro.
    d. Con un cable cruzado entre el puerto Up-Link de un equipo a un puerto de usuario del otro.

5. **Un enrutador es un equipo de red que se encarga de enviar los paquetes de datos por:**

   a. Todos los caminos posibles.
   b. La ruta correcta para que llegue a su destino.
   c. La mejor ruta para que llegue a su destino.

6. **Los paneles de distribución o paneles de parcheo suministran la infraestructura necesaria...**

   a. ... por ellos mismos para montar una red.
   b. ... para montar una red en conjunción con los equipos de red como los hubs o switchs.
   c. Todas las opciones son correctas.

7. **Determine si las siguientes frases son verdaderas o falsas.**

   a. El cableado estructurado es la infraestructura de cables en el interior de un edificio o grupo de edificios con el fin de implantar una red de área local, pero este cableado será montado según los criterios propios de cada instalador.

      ☐ Verdadero
      ☑ **Falso**

   b. Para crimpar un conector RJ45 macho a un cable de par trenzado se debe pelar cada uno de los cables de los pares previamente.

      ☐ Verdadero
      ☑ **Falso**

8. **En el cableado estructurado, el distribuidor que proporciona el backbone del edificio conectando todos los distribuidores de planta es:**

   a. El subsistema vertical.
   b. El subsistema horizontal.
   c. El distribuidor de campus.
   d. El distribuidor de edificio.

9. **El cableado y los elementos de distribución que componen el cableado de red de una planta es:**

    a. El subsistema vertical.
    b. El subsistema horizontal.
    c. El distribuidor de campus.
    d. El distribuidor de edificio.

10. **El cableado y los elementos de distribución que componen el cableado de red del edificio es:**

    a. El subsistema vertical.
    b. El subsistema horizontal.
    c. El distribuidor de campus.
    d. El distribuidor de edificio.

Solucionario Capítulo 8

1. **El procedimiento que permite el aprovechamiento de los recursos contenidos en los residuos sin poner en peligro la salud humana y sin utilizar métodos que puedan causar perjuicios al medio ambiente es:**

   a. La reutilización.
   b. El reciclado.
   c. La valorización.
   d. La eliminación.

2. **La transformación de los residuos, dentro de un proceso de producción, para su fin inicial o para otros fines, incluido el compostaje y la biometanización, pero no la incineración con recuperación de energía se denomina...**

   a. ... reutilización.
   b. ... reciclado.
   c. ... valorización.
   d. ... eliminación.

3. **El empleo de un producto usado para el mismo fin para el que fue diseñado originariamente es:**

   a. La reutilización.
   b. El reciclado.
   c. La valorización.
   d. La recogida selectiva.

4. **Todo procedimiento dirigido, bien al vertido de los residuos o bien a su destrucción, total o parcial, realizado sin poner en peligro la salud humana y sin utilizar métodos que puedan causar perjuicios al medio ambiente se denomina...**

   a. ... recogida selectiva.
   b. ... valorización.
   c. ... almacenamiento.
   d. ... eliminación.

5. **Todo envase o material de envase del cual se desprenda su poseedor o tenga la obligación de desprenderse en virtud de las disposiciones en vigor es:**

    a. Un envase.
    b. Un residuo de envase.

6. **El uso de residuos de envases combustibles para generar energía mediante incineración directa con o sin otros residuos, pero con recuperación de calor es:**

    a. El reciclado de envases.
    b. La valorización de envases.
    c. La recuperación de energía de los envases.
    d. La eliminación de los envases.

7. **¿Qué orden de prioridad deben seguir las operaciones de tratamiento de residuos de aparatos eléctricos y electrónicos?**

    a. La valorización energética, el reciclado, la reutilización y la eliminación.
    b. La reutilización, el reciclado, la eliminación y la valorización energética.
    c. La reutilización, el reciclado, la valorización energética y la eliminación.
    d. El reciclado, la reutilización, la valorización energética y la eliminación.

8. **De las siguientes frases, indique cuál es verdadera o falsa.**

    a. Los residuos de aparatos eléctricos y electrónicos son los aparatos eléctricos y electrónicos, sus materiales, componentes, consumibles y subconjuntos que los componen, procedentes tanto de hogares particulares como de usos profesionales, a partir del momento en que pasan a ser residuos.

        ☑ **Verdadero**
        ☐ Falso

b. En el caso de los puntos de recogida selectiva ubicados en los establecimientos de los distribuidores, estos estarán obligados a aceptar el retorno de las pilas y acumuladores portátiles usados sin cargo alguno para sus poseedores o usuarios finales, y tampoco podrán exigir la compra o adquisición de pilas o acumuladores portátiles nuevos.

☑ **Verdadero**
☐ Falso

9. ¿Cuándo podrán eliminarse los residuos de aparatos eléctricos y electrónicos?

a. En cualquier momento, no hay obligación de realizar tratamiento.
b. Después de, como mínimo, la retirada de todo tipo de fluidos y el tratamiento selectivo de materiales y componentes.
c. Después de realizar la valorización energética.
d. Todas las opciones son incorrectas.

10. El símbolo que indica la «recogida selectiva» de todas las pilas, acumuladores y baterías es:

a. Un contenedor de basura tachado.
b. Una pila tachada.
c. Un contenedor de basura.
d. Una pila.

Solucionario Capítulo 9

1. **Los trabajadores tienen derecho a una protección eficaz en materia de seguridad y salud en el trabajo, y además...**

   a. ... el empresario tiene el deber de proteger a los trabajadores frente a los riesgos laborales.
   b. ... la administración tiene el deber de proteger a los trabajadores frente a los riesgos laborales.
   c. ... tanto la administración como el empresario tienen el deber de proteger a los trabajadores frente a los riesgos laborales.
   d. Todas las opciones son incorrectas.

2. **El Instituto Nacional de Seguridad e Higiene el en Trabajo (INSHT), como organismo científico técnico de la administración general del estado, es el encargado de elaborar la guías técnicas...**

   a. ... orientativas (no vinculantes) para la interpretación de los reglamentos nacidos de la ley de prevención de riesgos laborales.
   b. ... obligatorias para la interpretación de los reglamentos nacidos de la ley de prevención de riesgos laborales.
   c. ... para la interpretación de los reglamentos nacidos de la ley de prevención de riesgos laborales que se utilizarán únicamente en las administraciones.
   d. ... para la interpretación de los reglamentos nacidos de la ley de prevención de riesgos laborales que se utilizarán únicamente en las empresas.

3. **¿Cuál de los siguientes es un principio de la acción preventiva?**

   a. Evitar los riesgos.
   b. Adaptar el trabajo a la persona.
   c. Tener en cuenta la evolución de la técnica.
   d. Todos ellos son principios de la acción preventiva.

4. **¿Cuál de los siguientes es un derecho del trabajador?**

   a. Derecho a recibir información, teórica y práctica en materia de prevención.
   b. Derecho a disponer de equipos de protección individual.

c. Derecho a la observación periódica de su estado de salud.
d. Todos los anteriores son derechos del trabajador.

5. ¿Cuál de los siguientes es un deber del trabajador?

a. Deber de informar de inmediato sobre situaciones que entrañen un riesgo para la seguridad o la salud de los trabajadores.
b. Deber de informar sobre su estado de salud.
c. Deber de garantizar condiciones de trabajo que cumplan con las normas de seguridad y salubridad.
d. Todos los anteriores son deberes del trabajador.

6. En los puestos de manejan pantallas de visualización de datos se debe situar el borde...

a. ... inferior del monitor a la altura de los ojos y a una distancia inferior a 40 cm.
b. ... superior del monitor a la altura de los ojos y a una distancia superior a 40 cm.
c. ... inferior del monitor a la altura de los ojos y a una distancia superior a 40 cm.
d. ... superior del monitor a la altura de los ojos y a una distancia inferior a 40 cm.

7. En los puestos de manejan pantallas de visualización de datos...

a. ... deberá haber espacio suficiente delante del teclado para que el usuario apoye las manos.
b. ... deberá haber espacio suficiente delante del teclado para que el usuario apoye los brazos y las manos.
c. ... deberá haber espacio suficiente delante del teclado para que el usuario apoye los brazos, las manos y los codos.
d. ... no es necesario que el usuario pueda apoyar parte de las extremidades superiores.

8. En los puestos de manejan pantallas de visualización de datos la altura del asiento deberá ser:

a. Simplemente regulable.
b. Regulable y el respaldo será reclinable.
c. Regulable y el respaldo será reclinable y de altura ajustable.
d. Regulable y el respaldo tendrá regulación lumbar.

9. En cuanto a la prevención de accidentes con las herramientas manuales, ...

a. ... estas no se deben llevar en los bolsillos sean punzantes o cortantes o no.
b. ... las que sean punzantes o cortantes no se deben llevar en los bolsillos.
c. ... estas se deben llevar en los bolsillos habilitados para ello.
d. ... no se utilizarán herramientas punzantes o cortantes.

10. En cuanto a la manipulación manual de cargas...

a. ... se debe transportar una carga entre dos personas siempre que el objeto, independientemente de su peso, sea muy largo y una sola persona no pueda trasladarlo de forma segura.
b. ... si es posible se deben evitarán los trabajos que se realicen de forma continuada en una misma postura.
c. ... se debe llevar la carga a la altura de la cadera lo más cerca posible cuerpo.
d. Todas las respuestas anteriores son correctas.

Solucionario 2

Testeo y verificación de equipos y periféricos microinformáticos

Solucionario Capítulo 1

1. **Cualquier microprocesador/procesador puede ser utilizado en cualquier placa base o madre...**

    a. **... comprobando que sean compatibles micro y placa.**
    b. ... sin comprobar la compatibilidad. Todos son estándares.
    c. ... sin comprobar la compatibilidad, pero si el micro es de marca Intel, la placa tendrá que ser de marca Intel.
    d. Todas las opciones son incorrectas.

2. **La memoria RAM...**

    a. ... es estándar para todos los ordenadores.
    b. ... se tiene que instalar de 2 en 2 módulos.
    c. **... una vez apagado el equipo pierde la información contenida en ella.**
    d. Todas las opciones son incorrectas.

3. **Si se produce un tono ininterrumpido cuando se enciende el equipo es por:**

    a. **Un problema de fallo de memoria RAM.**
    b. Un fallo de microprocesador.
    c. Un fallo de alimentación.
    d. Un fallo de pantalla.

4. **Las fuentes de alimentación son:**

    a. Individuales para cada equipo.
    b. Todas compatibles entre sí.
    c. **Cada equipo llevará su fuente compatible.**
    d. Todas las opciones son incorrectas.

5. **Indique la frase incorrecta:**

    a. La memoria RAM pierde su contenido al apagarse el ordenador.
    b. En la memoria RAM se guardan los datos que se van ejecutando.
    c. Cualquier memoria RAM puede ser usada con cualquier placa base.
    d. La memoria RAM actualmente se mide en GIGAS.

6. **Los buses sirven para...**

    a. ... unir una parte de la placa base con otra.
    b. ... que la memoria lleve los datos al microprocesador.
    c. ... enviar la alimentación a los dispositivos integrados en el sistema.
    d. ... comprobar el funcionamiento de un dispositivo *hardware*.

7. **El microprocesador es...**

    a. ... el encargado de trabajar directamente con la memoria RAM.
    b. ... el encargado de dar órdenes al conjunto de *hardware* disponible en el sistema informático.
    c. ... el encargado de dar órdenes a la placa base únicamente.
    d. Todas las opciones son incorrectas.

8. **El teclado y el ratón pueden ser conectados a la torre mediante un puerto llamado...**

    a. ... AGP.
    b. ... IDE.
    c. ... SATA.
    d. ... PS/2.

9. **El puerto AGP es:**

    a. Único y exclusivo de la memoria RAM.
    b. Único y exclusivo de la BIOS.
    c. Único y exclusivo del microprocesador.
    d. Único y exclusivo.

10. El *chipset* es...

a. **... el conjunto de circuitos que se encarga de mover la información por un sitio a otro de la placa base.**
b. ... una tarjeta de expansión que le podemos introducir a la placa base a través de los puertos PCI.
c. ... un componente más del ordenador que se encuentra localizado dentro de la BIOS y sirve para comprobar la funcionalidad del equipo.
d. ... un conjunto de rutinas y procedimientos para testear equipos informáticos.

Solucionario Capítulo 2

1. **Indique la frase correcta:**

   a. Solo se puede instalar un sistema operativo por ordenador.
   b. Se pueden instalar múltiples sistemas operativos en un ordenador.
   c. Se pueden instalar todos los sistemas operativos que se quiera siempre y cuando sean de la misma familia.
   d. Todas las opciones son incorrectas.

2. **Los sistemas Linux...**

   a. ... normalmente son sistemas de pago.
   b. ... solo pueden instalarse en ordenadores con otro sistema operativo *Linux* ya previamente instalado.
   c. ... no son utilizados en nuestro país.
   d. Todas las opciones son incorrectas.

3. **¿Qué es un *Shareware?***

   a. Un programa que facilitan para poder probarlo y luego pagar para poder usarlo libremente.
   b. Un programa que se puede distribuir libremente por cualquier equipo.
   c. Un programa que hay que actualizar constantemente.
   d. Conocido también como los drivers del ordenador.

4. **BIOS es...**

   a. ... la encargada de que la memoria RAM funcione correctamente.
   b. ... la encargada de que el microprocesador haga su trabajo.
   c. ... la encargada de testear los componentes *hardware* antes del arranque del sistema operativo.
   d. Todas las opciones son incorrectas.

5. **MAC/OS...**

   a. ... se puede usar en cualquier equipo informático.
   b. ... solo se puede usar si previamente tiene instalado un *Windows*.
   c. ... es un sistema operativo que únicamente puede ser usado en equipos MAC.
   d. ... no está pensado para ordenadores, sino para dispositivos portátiles como móviles.

6. **Entre otros, el particionado sirve...**

   a. ... para tener mayor velocidad de acceso al disco duro.
   b. ... para tener mejor organizado el disco duro para encontrar los datos.
   c. ... para poder arrancar un sistema operativo en diferentes ordenadores.
   d. ... para alojar en una misma máquina varios sistemas operativos.

7. **Un programa diseñado para 64 bits...**

   a. ... se puede ejecutar sin problema alguno en una arquitectura de 32 bits.
   b. ... o existen los programas de 64 bits.
   c. ... no se puede ejecutar en una arquitectura de 32 bits.
   d. Todas las opciones son incorrectas.

8. **Los *drivers* son...**

   a. ... los conductores de la electricidad dentro del equipo.
   b. ... programas sin los que el sistema operativo no reconocería al *hardware* que tiene instalado.
   c. ... programas informáticos para realizar tareas con el ordenador.
   d. Todas las opciones son incorrectas.

9. **Si se quiere cambiar el orden de arranque del equipo se hará desde...**

   a. ... el sistema operativo.
   b. ... el disco duro.
   c. ... el Setup de BIOS.
   d. ... el microprocesador.

10. Los sistemas operativos de la familia *Windows* son:

a. Únicamente usados en EE. UU.
b. No tienen soporte en nuestro idioma.
c. De pago.
d. Todas las opciones son incorrectas.

Solucionario Capítulo 3

1. ***Freeware* es...**

    a. ... un *software* por el que hay que pagar.
    b. ... un *software* por el que no hay que pagar.
    c. ... una versión demostrativa del programa.
    d. Todas las opciones son incorrectas.

2. **¿Para qué sirve el programa SpyBoot & Search?**

    a. Para hacer un análisis del estado de los *drivers* del equipo.
    b. Para formatear a bajo nivel un disco duro.
    c. Para desfragmentar un disco duro.
    d. Para realizar una limpieza de archivos temporales y obtener espacio en disco.

3. **¿Para qué sirven las herramientas antivirus y *cleaners?***

    a. Para desinfectar al sistema de virus, gusanos, troyanos, *malware*, etc.
    b. Para realizar una actualización sobre los drivers del equipo.
    c. Para realizar una copia de seguridad del disco duro.
    d. Para llevar un control sobre los usuarios del equipo.

4. **Gracias al programa RegBak se puede...**

    a. ... comprobar el estado de los valores de la placa base.
    b. ... hacer imágenes ISO.
    c. ... hacer copias de seguridad del registro de *Windows.*
    d. Todas las opciones son incorrectas.

5. **El *software* libre...**

    a. ... únicamente está disponible en *Windows.*
    b. ... no puede ser usado en *Linux.*
    c. ... no puede ser usado en cualquier equipo.
    d. ... puede ser usado en cualquier equipo y con cualquier sistema operativo.

6. **El *software* Diskspeed...**

   a. ... elimina de forma permanente todo el contenido del disco duro.
   b. ... sirve para clonar copias de seguridad.
   c. ... elimina particiones de forma temporal.
   d. Todas las opciones son incorrectas.

7. **Usando programas adecuados se pueden recuperar archivos de un disco duro eliminados si...**

   a. ... previamente se ha realizado una clonación del mismo.
   b. ... previamente se ha realizado una copia de seguridad del mismo.
   c. ... se usan herramientas de recuperación de archivos.
   d. Todas las opciones son incorrectas.

8. **Los archivos con extensión ISO...**

   a. ... se refieren a archivos comprimidos con mucha información.
   b. ... son archivos temporales del sistema operativo.
   c. ... son archivos temporales generados por la conexión a Internet.
   d. Todas las opciones son incorrectas.

9. **Para los sistemas operativos de la familia *Linux*...**

   a. ... el *software* libre es de previo pago.
   b. ... los sistemas operativos *Linux* no pueden instalar *software*.
   c. ... se dispone de *software* libre como si de otro sistema operativo se tratara.
   d. ... no tiene *software* libre disponible.

10. **En cuanto a los *drivers*...**

   a. ... no es necesario proceder a su actualización.
   b. ... es conveniente que estén actualizados a la última versión.
   c. ... de su actualización se encarga BIOS.
   d. Todas las opciones son incorrectas.

Solucionario 3

Operaciones auxiliares de mantenimiento de sistemas microinformáticos

Solucionario Capítulo 1

1. **Indique si las siguientes afirmaciones son verdaderas o falsas.**

   a. El mantenimiento de los sistemas microinformáticos es una tarea fundamental en la gestión de cualquier equipo informático, ya que garantiza su correcto funcionamiento y prolonga su vida útil.

      ☑ **Verdadero**
      ☐ Falso

   b. Las tareas de mantenimiento se limitan únicamente a corregir las averías.

      ☐ Verdadero
      ☑ **Falso**

   c. El *software* se refiere a todas las partes físicas que componen un ordenador.

      ☐ Verdadero
      ☑ **Falso**

2. **Cumplimente los espacios faltantes en la siguiente afirmación:**

   La memoria **RAM** (memoria de acceso aleatorio) es el elemento encargado de almacenar **temporalmente** la información y los **datos** que están siendo utilizados por el **sistema operativo** y las aplicaciones cuando se **ejecutan.**

3. **Defina qué se entiende por *hardware.***

   El *hardware* se refiere a todas las partes físicas que componen un ordenador, es decir, todos los elementos que se pueden tocar. Estos elementos son esenciales para el funcionamiento de cualquier sistema informático y se dividen en varias categorías según su función.

   En este apartado se pueden encontrar los discos duros, la memoria RAM, la fuente de alimentación, los lectores DVD, etc.

4. Los sistemas informáticos habitualmente utilizan...

a. ... el sistema hexadecimal.
b. ... el sistema binario.
c. ... el sistema decimal.
d. ... el sistema cegesimal.

5. ¿Cuál es el elemento que más se calienta en un equipo microinformático?

a. La fuente de alimentación
b. La memoria RAM
c. El microprocesador
d. La memoria ROM

6. Enumere los beneficios que aporta el mantenimiento predictivo.

- Reducción de los tiempos de inactividad: al anticiparse a los fallos, se pueden programar las reparaciones en los periodos de inactividad planificados.
- Extensión de la vida útil de los equipos: al identificar los problemas antes de que sucedan, se pueden tomar medidas correctoras que eviten daños mayores.
- Optimización de recursos: permite una planificación y utilización de los recursos, reduciendo los costes operativos.
- Mejora de la seguridad: previene los fallos que podrían poner en riesgo a los operadores y al entorno.

7. ¿Qué mantenimiento trabaja sobre acciones programadas de forma regular?

a. El mantenimiento adaptativo
b. El mantenimiento de emergencia
c. El mantenimiento preventivo
d. El mantenimiento correctivo

8. ¿En qué nivel de mantenimiento las tareas de reparación las desempeñan las empresas especializadas?

a. En el mantenimiento de primer nivel
b. En el mantenimiento de tercer nivel

c. **En el mantenimiento de quinto nivel**
d. En el mantenimiento de sexto nivel

9. ¿Cuál de las siguientes opciones corresponde con las tareas habituales que realiza una empresa de mantenimiento informático?

a. Mantenimiento preventivo
b. Mantenimiento correctivo
c. Gestión de las redes informáticas
d. **Todas las opciones son correctas.**

10. ¿Qué actividad trata de garantizar la protección de la información?

a. Soporte técnico
b. Auditoría y consultoría
c. **Respaldo y recuperación de datos**
d. Servicios de mantenimiento correctivo

Solucionario Capítulo 2

1. **Indique si las siguientes afirmaciones son verdaderas o falsas.**

   a. El almacenamiento de la información en los sistemas informáticos es un aspecto fundamental.

   ☑ **Verdadero**
   ☐ Falso

   b. Cuando se instala un disco duro, lo primero que se debe hacer es asignarle una letra identificativa.

   ☐ Verdadero
   ☑ **Falso**

   c. Existen cinco tipos de particiones que se pueden aplicar a un disco duro.

   ☐ Verdadero
   ☑ **Falso**

2. **Cumplimente los espacios faltantes en la siguiente afirmación.**

   El **formateo** a **bajo** nivel es el responsable de **realizar** una **revisión** en **profundidad** de la **superficie** del disco, de ahí que se denomine formateo **físico.**

3. **Detalle qué características definen un esquema GPT.**

   GPT (GUID *partition table)* es un esquema moderno que permite un mayor número de particiones (hasta 128 en *Windows)* y soporta discos de más de 2 TB.

4. **Un disco solo puede tener como máximo...**

   a. ... dos particiones extendidas.
   b. ... cuatro particiones primarias.
   c. ... tres particiones primarias.
   d. ... diez particiones primarias.

5. **¿Cuál es el primer sector del disco?**

   a. Cabeza 1, cilindro 1 y sector 1
   b. Cabeza 1, cilindro 1 y sector 0
   c. Cabeza 0, cilindro 0 y sector 1
   d. Cabeza 0, cilindro 0 y sector 0

6. **Enumere las funciones que tienen los sistemas de archivos.**

   - Control del espacio libre y ocupado
   - Mantenimiento de los directorios y de los nombres de archivos
   - Control de la ubicación física de la información dentro del disco

7. **¿Qué aplicación se puede utilizar para gestionar las particiones en un equipo con sistema operativo *Linux?***

   a. Administrador de discos
   b. Utilidad de discos
   c. *GParted*
   d. Comando Format

8. **¿Qué elemento de un equipo informático es el responsable de ejecutar el POST?**

   a. El sistema operativo
   b. El *software*
   c. El *firmware*
   d. El monitor

9. **Cumplimente los espacios faltantes en la siguiente afirmación**

   El procedimiento **POST** es una verificación realizada por la **BIOS** para **asegurar** que todos los **componentes** necesarios para **arrancar** el ordenador funcionen **correctamente.** La **secuencia** de comprobaciones **varía** según el **fabricante** de la BIOS.

10. Los programas que evalúan el estado del *hardware* y del *software* son...

a. ... el *firmware* de diagnóstico.
b. ... el mantenimiento correctivo.
c. ... las redes informáticas.
d. ... el *software* de diagnóstico.

Solucionario Capítulo 3

1. **Indique si las siguientes afirmaciones son verdaderas o falsas.**

    a. El *hardware* son los elementos físicos que integran los sistemas microinformáticos.

    ☑ **Verdadero**
    ☐ Falso

    b. El elemento más importante de un sistema informático es su licencia.

    ☐ Verdadero
    ☑ **Falso**

    c. El entorno en el que se ubiquen los equipos no les influye a la hora de trabajar.

    ☐ Verdadero
    ☑ **Falso**

2. **Cumplimente los espacios faltantes en la siguiente afirmación.**

    La **lana** y la ropa **sintética** se **cargan** fácilmente con energía **electroestática,** así que se debe elegir la **ropa** con **cuidado.**

3. **Enumere al menos tres precauciones que se deben tomar para evitar las cargas electrostáticas.**

    - Uso de pulseras antiestáticas que se conectan a una superficie con toma de tierra para evitar la acumulación de las cargas en el cuerpo del técnico.
    - Empleo de tapetes y alfombrillas antiestáticas para disipar las cargas electrostáticas en la zona de trabajo.
    - Manipulación adecuada de los componentes electrónicos mediante la manipulación de los dispositivos por sus bordes y evitando tocar los circuitos o pines de conexión.
    - Mantenimiento de un ambiente con una humedad controlada de entre el 40 y el 60 % para favorecer la reducción de la acumulación de las cargas electrostáticas.

- Almacenamiento adecuado de los componentes utilizando bolsas antiestáticas y cajas protectoras diseñadas para evitar la acumulación de cargas electrostáticas.
- Conexión a tierra de herramientas y superficies de trabajo para asegurar la descarga segura de cualquier acumulación de cargas.

4. Las tensiones más habituales de salida de una fuente de alimentación son...

a. ... 12 y 24 V.
b. ... 12 y 5 V.
c. ... 12 y 50 V.
d. ... 25 y 50 V.

5. Cada vez que se manipule un sistema microinformático se debe...

a. ... apagar el monitor.
b. ... conectar un teclado auxiliar.
c. ... desconectar de la red eléctrica.
d. ... tumbar el equipo para evitar que se caiga.

6. Enumere las ubicaciones en las que se producen las corrientes inductivas en un sistema microinformático.

- Las fuentes de alimentación conmutadas, que utilizan inductores para transformar y regular la corriente.
- Las bobinas de los circuitos electrónicos, presentes en las placas base y en otros componentes.
- Cargadores inalámbricos, que emplean la inducción electromagnética para transferir energía a los dispositivos sin utilizar cables.

7. Las herramientas de *software* para el mantenimiento preventivo pueden...

a. ... estar incorporadas en los propios sistemas operativos.
b. ... desarrollarse como aplicaciones de *hardware.*
c. ... desarrollarse como solución de *software.*
d. Las opciones a y c son correctas.

8. ¿Qué *software* malicioso aparenta ser legítimo y causa daños al ejecutarlo?

a. El sistema operativo
b. El antivirus
c. El troyano
d. El *ransomware*

9. Cumplimente los espacios faltantes en la siguiente afirmación.

El ***scumware*** es un ***software*** que impide su **desinstalación**, altera el **funcionamiento** de los sitios web **redirigiéndolos** a otras páginas, crea **hiperenlaces** no deseados y reemplaza ***banners*** publicitarios.

10. La herramienta integrada en *Microsoft Windows* y que filtra y controla el tráfico de la red es:

a. *Microsoft Teams*
b. *Microsoft Office*
c. *Microsoft Defender*
d. El *firewall*

Solucionario Capítulo 4

1. **Indique si las siguientes afirmaciones son verdaderas o falsas:**

   a. Los consumibles son los componentes y materiales que se utilizan de forma recurrente.

      ☑ **Verdadero**
      ☐ Falso

   b. El uso de los consumibles reduce el rendimiento y la vida del equipo.

      ☐ Verdadero
      ☑ **Falso**

   c. El entorno en el que se ubiquen los equipos no les influye a la hora de trabajar.

      ☐ Verdadero
      ☑ **Falso**

2. **Cumplimente los espacios faltantes en la siguiente afirmación:**

   En los entornos **domésticos**, empresariales o **industriales**, el uso de material **fungible** es un aspecto **fundamental** para garantizar la **calidad**, la **eficiencia** y la **durabilidad** de los **dispositivos** de **impresión.**

3. **Clasifique el material fungible atendiendo a la finalidad a la que se destina.**

   - **Material de almacenamiento.** En este apartado se incluyen todos los elementos destinados al almacenamiento de información, como los soportes ópticos y magnéticos que se desgastan con el uso.
   - **Material de impresión.** En este grupo se incorporan todos los productos destinados a la impresión, como puede ser la tinta o el tóner de las impresoras, el papel, las etiquetas, etc.
   - **Material de suministro o almacenamiento de energía.** En este grupo se pueden incluir elementos como las baterías. Las baterías son elementos cuyo rendimiento se reduce con el paso del tiempo hasta que dejan de ser operativas.

4. **Los cartuchos fabricados por terceros diseñados para funcionar en las impresoras son...**

   a. ... los compatibles.
   b. ... los originales.
   c. ... los recargables.
   d. ... los remanufacturados.

5. **¿Qué caracteriza a los cartuchos recargables desde el punto de vista de la sostenibilidad?**

   a. No son compatibles con las impresoras láser.
   b. Reducen el desperdicio de plástico.
   c. Son más costosos que los originales.
   d. Tienen menor durabilidad.

6. **¿Qué es un formulario en papel?**

   a. Un documento estructurado para la introducción de datos
   b. Un material que no se puede doblar ni enrollar
   c. Un papel especial para imprimir fotos
   d. Un recurso específico para la impresión de etiquetas adhesivas

7. **Cumplimente los espacios faltantes en la siguiente afirmación.**

   En los entornos **domésticos**, empresariales o **industriales**, el uso de material **fungible** es un aspecto **fundamental** para garantizar la **calidad**, la **eficiencia** y la **durabilidad** de los **dispositivos** de **impresión.**

8. **¿Qué acción puede dañar el cartucho de tóner?**

   a. Almacenarlo en un lugar húmedo.
   b. Exponerlo a la luz solar por largos periodos.
   c. Manipular los contactos metálicos del cartucho.
   d. No agitarlo suavemente después de usarlo.

9. ¿Qué acción prolonga la vida útil de los consumibles y mejora el rendimiento de las impresoras?

a. No tocar los inyectores del cartucho.
b. Reutilizar los cartuchos usados.
c. Sustituir los consumibles según el manual del fabricante.
d. Usarlas con regularidad.

10. ¿Qué procedimiento debe seguirse al sustituir un dispositivo de almacenamiento externo como una memoria USB?

a. Desconectarlo y luego reconectarlo sin hacer nada más.
b. Realizar una copia de seguridad de los datos, instalar el nuevo dispositivo y verificar su funcionamiento.
c. Sustituirlo sin necesidad de copia de seguridad.
d. Verificar el estado del dispositivo, desconectarlo y reemplazarlo con uno nuevo sin copiar los datos.

Solucionario Capítulo 5

1. **Indique si las siguientes afirmaciones son verdaderas o falsas.**

   a. La copia de seguridad es el proceso mediante el cual se realizan duplicados de los datos almacenados en un sistema o servidor.

   ☑ **Verdadero**
   ☐ Falso

   b. La disponibilidad de los datos es esencial para el funcionamiento de las empresas.

   ☑ **Verdadero**
   ☐ Falso

   c. La replicación física implica la duplicación únicamente de parte de los datos almacenados en un dispositivo.

   ☐ Verdadero
   ☑ **Falso**

2. **Complete el siguiente texto.**

La **copia** de **seguridad** es el proceso mediante el cual se realizan **duplicados** de los **datos** almacenados en un **sistema** o **servidor** y se guardan en una ubicación **diferente,** con el fin de poder **restaurarlos** en caso de pérdida de datos debido a fallos de ***hardware,*** ataques **cibernéticos,** errores humanos o desastres naturales.

3. **Enumere los distintos tipos de copias de seguridad y sus características.**

- **Copia de seguridad completa *(full backup):*** implica la duplicación de todos los datos del sistema o de una parte seleccionada. Esta copia garantiza que, en caso de restauración, todos los archivos están disponibles sin necesidad de hacer referencia a copias anteriores. Es la opción más segura, y la que más tiempo y espacio de almacenamiento requiere.
- **Copia de seguridad incremental:** solo se guardan los datos que han cambiado desde la última copia, ya sea completa o incremental. Su ventaja

principal es que requiere menos espacio de almacenamiento y menos tiempo para completarse. Sin embargo, para la restauración es necesaria la última copia completa y todas las copias incrementales posteriores, lo que hace que el proceso de recuperación sea más complejo.

- **Copia de seguridad diferencial:** similar a la copia incremental, la copia diferencial solo almacena los datos que han cambiado desde la última copia completa. Sin embargo, a diferencia de la incremental, en una copia diferencial se realiza una nueva copia de todos los datos modificados desde la última copia completa. Esto significa que la restauración será más rápida, ya que solo se requiere la última copia completa y la última copia diferencial.
- **Copia de seguridad espejo *(mirror backup):*** los datos se duplican idénticamente al sistema original y en tiempo real. Las copias reflejan el estado exacto del sistema, lo que es útil para mantener una disponibilidad inmediata de los datos. Sin embargo, este enfoque no protege contra la eliminación accidental de archivos o fallos, ya que cualquier cambio realizado en los datos también se refleja en la copia de seguridad.

4. ¿Qué acciones deben considerarse al implementar un programa de copia de seguridad?

a. Automatización y pruebas de recuperación
b. Frecuencia de las copias y espacio de almacenamiento
c. Solamente cifrado y automatización
d. Solo frecuencia y cifrado

5. ¿Qué partición se puede convertir en una unidad activa para iniciar el sistema operativo?

a. Partición de arranque
b. Partición extendida
c. Partición lógica
d. Partición primaria

6. ¿Qué objetivo tiene la replicación de los datos en un sistema distribuido?

a. Mejorar la disponibilidad y la tolerancia a fallos.
b. Minimizar la corrupción.
c. Reducir el rendimiento.
d. Simplificar la gestión de datos.

7. **Complete el siguiente texto:**

    1. Los sistemas de **replicación** se encargan de **garantizar** que las copias de los datos son **consistentes** y están **sincronizadas,** lo que significa que cualquier **cambio** realizado en una copia de los datos debe **reflejarse** en todas de manera **coherente** y sin pérdida de **integridad.**

8. **¿Qué copia es la que solo guarda los cambios realizados desde la última copia completa?**

    a. Copia incremental
    b. Copia diferencial
    c. Copia espejo
    d. Copia completa

9. **¿Qué partición es la que no puede iniciar el sistema operativo?**

    a. Partición primaria
    b. Partición lógica
    c. Partición extendida
    d. Partición de arranque

10. **¿Qué procedimiento incluye pruebas periódicas para asegurar la efectividad de las copias de seguridad?**

    a. Pruebas de restauración
    b. Pruebas de recuperación
    c. Monitorización
    d. Automatización

Solucionario Capítulo 6

1. **Indique si las siguientes afirmaciones son verdaderas o falsas.**

   a. Se recomienda etiquetar todos los productos con información clara y legible.

      ☑ **Verdadero**
      ☐ Falso

   b. Los equipos, periféricos o consumibles no deben tener ninguna etiqueta adherida a los equipos.

      ☐ Verdadero
      ☑ **Falso**

   c. El embalaje debe ser lo más económico posible y no incluir las instrucciones de uso del equipo.

      ☐ Verdadero
      ☑ **Falso**

2. **Cumplimente los espacios faltantes en la siguiente afirmación:**

   El **almacenamiento** de los equipos y **consumibles** debe realizarse en un espacio **limpio, seco** y libre de **humedad** para evitar su **deterioro** o **corrosión.**

3. **Enumere dos tipos distintos de embalajes utilizados en la protección de equipos y periféricos.**

   - **Bolsas antiestáticas (ESD):** esenciales para envolver los periféricos electrónicos antes de su embalaje. Estas bolsas ayudan a eliminar las descargas electrostáticas y protegen los dispositivos sensibles.
   - **Plástico de burbuja** ***(bubble wrap):*** es un material de embalaje muy utilizado para proteger los periféricos. Las burbujas de aire actúan como elemento de amortiguación, evitando que los dispositivos se golpeen o sufran daños por impactos.
   - **Espuma moldeada:** la espuma moldeada tiene la ventaja de que se adapta exactamente a la forma específica del equipo o periférico, proporcionando

una protección ajustada y firme. Es ideal para asegurar que el dispositivo no se mueve dentro del embalaje durante el transporte.

- **Cajas de cartón resistente:** las cajas de cartón ofrecen una estructura externa robusta y confiable para proteger el periférico. Además, las cajas pueden incluir compartimentos internos para dividir y organizar distintos dispositivos en un solo paquete, minimizando el riesgo de daño por golpes.
- **Bolsas de silicona/gel:** se utilizan para absorber la humedad que podría filtrarse dentro del embalaje, ayudando a mantener los productos secos durante el almacenamiento o transporte, especialmente en condiciones de alta humedad.
- **Cintas adhesivas:** las de alta calidad se utilizan para para sellar las cajas de cartón, asegurando que el embalaje permanece intacto durante todo el proceso de distribución.

4. ¿Cuál es la finalidad principal del etiquetado en los equipos, periféricos y consumibles tecnológicos?

a. Identificar el producto.
b. Proteger el producto contra golpes.
c. Garantizar su vida útil.
d. Las opciones a y c son correctas.

5. ¿Qué material se recomienda para las etiquetas en casos de alta humedad?

a. Papel
b. Plástico
c. Vinílico
d. Tinta impresa en madera

6. ¿Qué tipo de embalaje protege los equipos contra las descargas electrostáticas?

a. Cajas de cartón reforzado
b. Bolsas antiestáticas (ESD)
c. Espuma moldeada
d. Plástico de burbuja

7. ¿Cómo se denomina el proceso de grabación de datos en un disco óptico?

a. Prensa digital
b. Grabado
c. *Mastering*
d. *Pericarp*

8. ¿Qué es un albarán de devolución?

a. Justificante de compra emitido por el cliente.
b. Justificante de reparación de equipos informáticos.
c. Justificante de entrega de productos al proveedor.
d. Justificante de registro de salida de productos al proveedor.

9. Cumplimente los espacios faltantes en la siguiente afirmación:

Las **garantías** cubren los **defectos** de fábrica y no el **desgaste** natural de los **productos.** Algunos fabricantes **cancelan** la **garantía** si no se usan productos **originales.**

10. ¿Qué técnica se usa para grabar datos en discos?

a. Prensado de datos
b. Grabación diferida
c. Impresión UV
d. Grabación incremental

Solucionario Capítulo 7

1. **Indique si las siguientes afirmaciones son verdaderas o falsas.**

   a. El tratamiento de los residuos informáticos es un aspecto clave en la gestión del medioambiente.

      ☑ **Verdadero**
      ☐ Falso

   b. Los equipos, periféricos o consumibles no permiten el reciclaje y la reutilización.

      ☐ Verdadero
      ☑ **Falso**

   c. La recogida selectiva, la reparación y la recuperación de los equipos pueden extender la vida útil de los mismos y aumentar la cantidad de desechos generados.

      ☐ Verdadero
      ☑ **Falso**

2. **Cumplimente los espacios faltantes en la siguiente afirmación:**

   El ciclo de **vida** de los equipos **informáticos** abarca todas las **etapas** por las que pasa un dispositivo **tecnológico**, desde su **fabricación** hasta su **retirada**. Conocer este proceso es fundamental para **comprender** su **impacto** ambiental y social, así como para aplicar estrategias de **reutilización** y **reciclaje** que **minimicen** los **residuos** electrónicos.

3. **Enumere los distintos tipos de obsolescencia programada.**

   - Obsolescencia de *hardware*
   - Obsolescencia de *software*
   - Obsolescencia estética o percibida
   - Obsolescencia inducida o por incompatibilidad

4. ¿Qué tipo de obsolescencia programada afecta a los equipos informáticos?

a. Obsolescencia estética
b. Obsolescencia de *software*
c. Obsolescencia inducida
d. Obsolescencia de *hardware*

5. ¿Qué objetivo tiene el derecho a reparar implementado por la Unión Europea?

a. Promover un modelo de consumo desechable.
b. Facilitar y abaratar la reparación de productos tecnológicos.
c. Reducir el impacto ambiental de los residuos electrónicos.
d. Limitar el acceso a la tecnología.

6. ¿Qué incluye la recogida selectiva según el Real Decreto 110/2015?

a. La recogida diferenciada de los residuos de aparatos eléctricos y electrónicos (RAEE) para facilitar su reutilización, reciclaje y correcta gestión
b. La eliminación directa de los residuos electrónicos en vertederos autorizados sin necesidad de separación previa
c. La incineración de residuos electrónicos para reducir su volumen sin procesos de reciclaje
d. La recolección de residuos electrónicos únicamente por parte de fabricantes, sin participación de puntos de recogida municipales

7. ¿Qué objetivo tiene el tratamiento selectivo de los materiales en residuos electrónicos?

a. Garantizar que los residuos electrónicos sean almacenados indefinidamente sin procesarlos.
b. Facilitar la recuperación de materiales valiosos y reducir el impacto ambiental.
c. Acelerar la producción de nuevos dispositivos al desechar los antiguos rápidamente.
d. Evitar el reciclaje de componentes electrónicos para fomentar la compra de productos nuevos.

8. **¿Qué materiales se pueden recuperar del reciclaje de las placas de los circuitos electrónicos?**

   a. **Plomo, oro y cobre.**
   b. Algodón, silicio y vidrio.
   c. Carbón, titanio y mercurio.
   d. Petróleo, aluminio y níquel.

9. **Cumplimente los espacios faltantes en la siguiente afirmación:**

   La **normativa** establece, entre otras **obligaciones** para los **fabricantes** de los **aparatos** eléctricos y **electrónicos**, la **financiación** de la **recogida** y el **tratamiento** de los **residuos** que **generen** sus productos al **final** de su vida **útil**, asegurando su correcta **gestión**.

10. **¿Qué tipo de residuo se considera peligroso en el Real Decreto 106/2008?**

   a. Residuos plásticos provenientes de envases reciclables.
   b. **Residuos electrónicos que contienen componentes como mercurio o plomo.**
   c. Residuos de papel provenientes de la industria editorial.
   d. Residuos orgánicos de la agricultura que no contienen productos químicos.

Solucionario 4

Operaciones auxiliares con tecnologías de la información y la comunicación

Solucionario Capítulo 1

1. **¿Cuál es la representación en binario del número decimal 14?**

    a. 1111.
    b. 1101.
    c. 1011.
    d. 1110.

2. **¿Cuál de los siguientes sistemas de numeración no es posicional?**

    a. Signo-Magnitud.
    b. Exceso a 3.
    c. Complemento a 1.
    d. Complemento a 2.

3. **¿Cuál de los siguientes códigos de caracteres utilizaba inicialmente 16 bits?**

    a. ANSI.
    b. ASCII.
    c. UNICODE.
    d. EBCDIC.

4. **¿Qué arquitectura utilizan la mayoría de microprocesadores?**

    a. Von Niessen.
    b. Von Neumann.
    c. Harvard.
    d. Eckert y Mauchly.

5. **¿Cuál es la parte de la CPU encargada de realizar el procesamiento y el análisis de la información?**

    a. La ALU.
    b. Los buses.

c. La memoria.
d. La unidad de control.

6. Indique si la siguiente frase es verdadera o falsa.

a. Los registros de almacenamiento se encargan de efectuar las operaciones aritmético-lógicas ordenadas por la unidad de control.

☐ Verdadero
☑ **Falso**

7. ¿Cuál de los siguientes tipos de dispositivos de almacenamiento se encuentra en desuso?

a. Magnéticos.
b. Ópticos.
c. De red.
d. Extraíbles.

8. ¿Qué medio de conexión de periféricos es el más extendido?

a. PS/2.
b. USB.
c. Bluetooth.
d. HDMI.

9. ¿En qué tipo de *software* se engloba una suite de diseño gráfico?

a. *Software* de desarrollo de aplicaciones.
b. *Software* de aplicaciones.
c. *Software* de utilidad.
d. Sistemas operativos.

10. ¿En qué momento se transfiere el control al sistema operativo durante el arranque del equipo?

a. Justo después del encendido.
b. Antes del testeo.
c. Posteriormente a la lectura de sectores arranque.
d. Después del POST y antes del testeo.

Solucionario Capítulo 2

1. **¿Cuál de las siguientes características no corresponde a una red de área local?**

   a. Recursos de red compartidos.
   b. Gestión centralizada.
   c. Velocidad de transmisión baja.
   d. Fácil expansión.

2. **¿Cuál de los siguientes dispositivos no es imprescindible en una red local?**

   a. El medio de transmisión.
   b. Una impresora de red.
   c. Un terminal.
   d. Un *router.*

3. **¿En qué tipología de red cada nodo se encuentra conectado únicamente con los nodos adyacentes?**

   a. Bus.
   b. Anillo.
   c. Estrella.
   d. Paralela.

4. **¿Cuál de los siguientes factores no afecta al rendimiento de la transmisión?**

   a. El sistema operativo.
   b. El número de receptores.
   c. La atenuación de la señal.
   d. El ancho de banda.

5. **¿Cuál es la diferencia entre el par trenzado UTP y el par trenzado STP?**

   a. La longitud del cable.
   b. El apantallamiento del cable.

c. El orden de los pares.
d. Los pares tienen diferentes colores.

6. **¿Qué dispositivos se podrían conectar con un cable UTP cruzado?**

a. Solo impresoras de red.
b. Dos ordenadores.
c. Un concentrador y un ordenador.
d. Un conmutador y un ordenador.

7. **¿Es cierto que el estándar T568-A es más utilizado que el T568-B?**

☐ Verdadero
☑ **Falso**

8. **¿Qué diferencia existe entre *hub* y *switch?***

a. El *hub* es capaz de determinar a quién va dirigida la información y el *switch* no.
b. Solo el precio.
c. El *switch* es capaz de determinar a quién va dirigida la información y el *hub* no.
d. Ninguna de las opciones es correcta.

9. **¿Cómo se llama la aplicación que proporciona *Windows 11* para configurar un equipo en la red?**

a. Conexiones de red.
b. Centro de red.
c. Centro de redes y recursos compartidos.
d. Centro de recursos compartidos.

10. ¿Qué dispositivos necesitaría un equipo para conectarlo a la red sin necesidad de cables?

a. Un *router* inalámbrico.
b. Una tarjeta de red inalámbrica.
c. Un punto de acceso inalámbrico.
d. Además de *router*, un *software* que lo permita.

Solucionario Capítulo 3

1. **¿Cuál de las siguientes funciones no es básica para un sistema operativo?**

    a. Ejecución de programas.
    b. Operaciones de E/S.
    c. Gestión de proyectos.
    d. Detección de errores.

2. **¿Por qué se caracteriza una interfaz GUI?**

    a. Sirve de guía al usuario.
    b. Utiliza un entorno gráfico.
    c. Utiliza un entorno genérico.
    d. Está basado en la consola de comandos.

3. **¿Cuál de los siguientes es un contenedor visual de información que facilita la interfaz, el sistema operativo y el usuario?**

    a. Menú.
    b. Cuadro de diálogo.
    c. Línea de comandos.
    d. Ventana.

4. **¿Desde dónde muestran *Windows 11* y *Ubuntu 24.10* sus unidades de almacenamiento respectivamente?**

    a. Desde Este equipo y Lugares.
    b. Desde Este equipo y Otras ubicaciones.
    c. Desde Equipo y Otras ubicaciones
    d. Desde Mi PC y el explorador.

5. **¿Cuál de los siguientes directorios es incorrecto?**

    a. /bin: contiene programas binarios.
    b. /mnt: sistemas de ficheros montados.

c. /usr: contiene los archivos de los usuarios.
d. /root: directorio de inicio del usuario *root.*

6. **¿Qué tipo de unidad de almacenamiento cumple mejor la función de copia de seguridad?**

a. Las unidades de red.
b. Las unidades extraíbles.
c. Los discos duros.
d. Las memorias RAM.

7. **¿Con cuál de las siguientes teclas se puede renombrar un archivo?**

a. [F1].
b. [ALT] + [F2].
c. [CTRL] + [F1].
d. [F2].

8. **¿Cuál de los siguientes niveles de permisos es erróneo?**

a. Solo escritura.
b. Solo lectura.
c. Lectura y escritura.
d. Propietario.

9. **¿Cuál de las siguientes características no se corresponde con el administrador de dispositivos?**

a. Se podrán actualizar los *drivers* de los dispositivos.
b. Se podrá deshabilitar un dispositivo.
c. Muestra los dispositivos instalados en el equipo.
d. Muestra los dispositivos desactualizados del equipo.

10. ¿Qué se entiende por Retraso de la repetición?

a. El retardo provocado al quedar poca batería en el ratón.
b. Tiempo que transcurrirá entre una repetición y la siguiente.
c. Velocidad a la que empezará a repetirse una tecla si la mantiene pulsada.
d. El tiempo que tarda el cursor en parpadear.

Solucionario Capítulo 4

1. **¿Cuál de las siguientes conexiones es más común en dispositivos multimedia?**

    a. *Ethernet.*
    b. USB.
    c. *Firewire.*
    d. VGA.

2. **¿Por qué nombre se conoce el lugar donde se encuentran organizados y clasificados los archivos multimedia?**

    a. Disco duro.
    b. DVD.
    c. Reproductor MP4.
    d. Biblioteca.

3. **¿Qué función de las siguientes no es propia de *iTunes?***

    a. Reproducir contenido multimedia.
    b. Difusión de archivos multimedia entre usuarios.
    c. Sincronizar con dispositivos de reproducción portátil.
    d. Comprar contenido multimedia.

4. **¿En qué se basa el P2P?**

    a. Difusión de archivos multimedia a través de Internet.
    b. Reproducción de archivos multimedia a través de Internet.
    c. Descarga de archivos desde servidores dedicados a dicho propósito.
    d. Gestión de los recursos multimedia contenidos en el disco duro.

5. **¿Por qué otro nombre se conoce a las capturas de imagen?**

    a. *Imageshot.*
    b. *Graphicshot.*

c. ***Screenshot.***
d. *Printscreen.*

6. ¿Qué tipo de captura no es posible realizar desde la herramienta recortes de *Windows 10?*

a. Recorte de forma libre.
b. Recorte de pantalla completa.
c. Recorte de ventana.
d. Recorte de forma estrellada.

7. ¿Cuál de los siguientes formatos de imagen es vectorial?

a. TIFF.
b. PNG.
c. CDR.
d. PSD.

8. ¿Cuál de los siguientes formatos contenedores de vídeo se utiliza para dispositivos de pequeñas dimensiones?

a. MOV.
b. 3GP.
c. MKV.
d. AVI.

9. ¿Para qué usaría GIMP?

a. Para editar vídeos.
b. Para retocar imágenes.
c. Para diseñar gráficos vectoriales.
d. Para eliminar el ruido de un sonido.

10. ¿Cuál de las siguientes aplicaciones recomendaría para editar vídeo?

a. *AVS Video Recorder.*
b. *Audacity.*
c. ***AVS Video Editor.***
d. *Inkscape.*

Solucionario Capítulo 5

1. **¿Cuál de los siguientes elementos no es propio del entorno de trabajo de un procesador de textos?**

   a. Regla.
   b. Panel de documento.
   c. Paleta de colores.
   d. Barra de estado.

2. **¿Qué diferencia existe entre las opciones Guardar y Guardar como?**

   a. Guardar permite elegir el formato y Guardar como no.
   b. Guardar se utiliza para texto plano y Guardar como para texto con formato.
   c. Guardar permite especificar el nombre y el formato del documento mientras que Guardar como lo hace con los parámetros actuales.
   d. Guardar como permite especificar el nombre y el formato del documento mientras que Guardar lo hace con los parámetros actuales.

3. **¿Para qué sirve la combinación de teclas [Ctrl] + [A]?**

   a. Para guardar los cambios.
   b. Para abrir un documento.
   c. Para cerrar un documento.
   d. Para salir de la aplicación.

4. **¿Cuáles son los métodos de colocación del cursor más comunes en un procesador de textos?**

   a. Solo con el ratón.
   b. Solo con el teclado.
   c. Con el ratón y el teclado.
   d. Con ninguno, se realiza de manera automática.

5. **¿Hacia dónde se dirigirá el cursor si se pulsa la tecla [Inicio]?**

    a. Hacia el principio de la línea actual.
    b. Hacia la primera línea del documento.
    c. Hacia la primera línea del párrafo.
    d. Hacia el principio de la palabra actual.

6. **¿Qué combinación de teclas habrá que usar para ir al principio del documento?**

    a. [Shift] + [Inicio].
    b. [Ctrol] + [Inicio].
    c. Dos veces en [Inicio].
    d. [Alt] + [Inicio].

7. **¿Qué acción se podrá efectuar después de realizar una selección de texto?**

    a. Cambiar su color.
    b. Cambiar su tamaño.
    c. Cambiar su fuente.
    d. Todas las anteriores.

8. **¿Qué se debe hacer para seleccionar un párrafo entero?**

    a. Doble clic sobre una de sus palabras.
    b. Doble clic en la parte izquierda del párrafo.
    c. Pulsar la tecla [Ctrl] y, sin soltarla, hacer clic en la parte izquierda del documento.
    d. Pulsar la combinación de teclas [Ctrl] + [E].

9. **¿Qué opciones no ofrece la utilidad Cambio entre mayúsculas y minúsculas?**

    a. Tipo oración.
    b. Mayúsculas.
    c. Alternar mayúsculas/minúsculas.
    d. Poner en mayúsculas cada oración.

10. ¿Qué tipos de objetos se pueden insertar en un documento de texto?

a. Gráficos y dibujos.
b. Gráficos, imágenes y diagramas.
c. Gráficos, imágenes, diagramas y dibujos.
d. Imágenes, diagramas y dibujos.

Solucionario Capítulo 6

1. **Una hoja de cálculo es:**

    a. Una aplicación para almacenar datos en forma de documentos de texto.
    b. Una aplicación para almacenar datos en forma de tablas de bases de datos.
    c. Una aplicación que permite manipular datos dispuestos en tablas.
    d. Una aplicación que permite solo almacenar datos dispuestos en tablas.

2. **Los datos de una hoja de cálculo se organizan en...**

    a. ... registros.
    b. ... bases de datos.
    c. ... ficheros.
    d. ... tablas.

3. **El fichero con el que se trabaja en una hoja de cálculo se denomina...**

    a. ... archivo.
    b. ... libro.
    c. ... hoja.
    d. ... tabla.

4. **De las siguientes aplicaciones, ¿cuales son hojas de cálculo?**

    a. *Microsoft Office y Microsoft Excel.*
    b. *LibreOffice y Calc.*
    c. *Microsoft Excel y Calc.*
    d. *Microsoft Office y LibreOffice.*

5. **¿Cómo se denomina la zona de edición donde se encuentran todas las celdas y donde se introducirán los datos que van a componer la hoja?**

    a. Ventana del libro u hoja.
    b. Ventana de datos o panel del documento.

c. Ventana de hojas y datos.
d. Panel del documento u hoja.

6. ¿Cuál es la forma más natural de desplazamiento por las celdas que componen la hoja de cálculo?

a. El ratón.
b. Las barras de desplazamiento.
c. El teclado.
d. Los botones de avance y retroceso.

7. ¿Qué opciones se podrán configurar al dar formato a una celda?

a. Alineación, fuente, fondo y borde, entre otras.
b. Solo la alineación, los bordes, la fuente y el fondo.
c. La alineación, los bordes, la fuente, el fondo y las columnas.
d. La alineación, los bordes, la fuente, el fondo, la protección de la celda y las columnas.

8. ¿Qué es una fórmula?

a. Es una ecuación matemática compleja.
b. Es una ecuación estadística compleja.
c. Es una ecuación que efectúa cálculos con los valores de las constantes matemáticas.
d. Es una ecuación que efectúa cálculos con los valores de la hoja de cálculo.

9. ¿Cómo comienza una fórmula?

a. Con la palabra "fórmula".
b. Con el identificador "form".
c. Con el signo ' (y acaba con el signo ').
d. Con el signo "=".

10. ¿De qué dependen las opciones de impresión?

a. De la aplicación de hoja de cálculo.
b. De la aplicación de hoja de cálculo y del modelo de impresora.
c. De la impresora.
d. Son en todos los casos las mismas.

Solucionario Capítulo 7

1. **¿Qué ventaja presenta una base de datos con respecto a un fichero?**

    a. Ninguna.
    b. Permite centralizar la información.
    c. Une la parte lógica a la parte física.
    d. Además de almacenar los datos, presenta su descripción.

2. **¿Qué es un sistema gestor de bases de datos?**

    a. Un programa para mostrar datos.
    b. Un programa para insertar datos.
    c. Una aplicación que se encarga de mantener y gestionar la parte física de la base de datos.
    d. Una aplicación que permite distribuir los datos de la base de datos por correo electrónico.

3. **¿Qué tipo de las siguientes bases de datos es incorrecto?**

    a. Relacional.
    b. En red.
    c. Jerárquica.
    d. Conmutada.

4. **¿Para qué sirve el panel de exploración de un gestor de bases de datos?**

    a. Para realizar consultas.
    b. Para encontrar los objetos de la base de datos que se podrán abrir en el área de documento.
    c. Para insertar registros en las tablas.
    d. Para explorar las tablas de la base de datos.

5. **¿Con qué tipos de objetos trabajan las bases de datos?**

   a. Libros, hojas y tablas.
   b. Tablas, formularios, consultas e informes.
   c. Tablas, libros, consultas y formularios.
   d. Tablas, hojas, consultas y formularios.

6. **¿Qué es una consulta?**

   a. Es una pregunta u orden que se realiza a la base de datos para que muestre algún resultado o realice alguna modificación en ella.
   b. Es una pregunta que se realiza a la base de datos para que muestre algún resultado.
   c. Es una orden que se realiza a la base de datos para que realice alguna modificación en ella.
   d. Es una orden que se realiza a la base de datos para que genere un formulario.

7. **¿Con cuál de los siguientes lenguajes no trabaja un sistema gestor de bases de datos?**

   a. Lenguaje de creación de datos o DRL.
   b. Lenguaje de definición de datos o DDL.
   c. Lenguaje de manipulación de datos o DML.
   d. Lenguaje de acceso o control de datos o DCL.

8. **¿Cuáles son las operaciones más usuales dentro del lenguaje de manipulación de datos o DML?**

   a. Altas y bajas.
   b. Creación de tablas.
   c. Altas, bajas, modificaciones y consultas.
   d. Creación de tablas y consultas.

9. **¿Qué es un formulario?**

   a. Es un objeto de la base de datos que proporciona un cómodo método de seleccionar los registros de la misma.
   b. Es un objeto de la base de datos que proporciona un cómodo método de seleccionar, insertar o actualizar los registros de la misma.

c. Es un objeto de la base de datos que proporciona un cómodo método de insertar los registros de la misma.
d. Es un objeto de la base de datos que proporciona un cómodo método de actualizar los registros de la misma.

10. ¿Qué ventaja ofrece un filtro?

a. Permite generar informes.
b. Permite visualizar los datos que se necesiten.
c. Facilita la inserción de registros.
d. Solo sirve para gestionar los formularios.

Solucionario Capítulo 8

1. **¿Dentro de qué categoría se coloca un *software* de presentaciones?**

   a. Contabilidad.
   b. Gestión documental.
   c. Multimedia.
   d. Servicio web.

2. **¿Qué nombre recibe el panel en el que se encuentran los títulos y miniaturas de la presentación en *Impress?***

   a. Panel de diapositivas.
   b. Panel de títulos.
   c. Panel de fichas.
   d. No es un panel, es la opción Presentación de la barra de menús.

3. **¿Qué modos de creación de diapositivas proporciona *PowerPoint?***

   a. Presentación en blanco, desde una plantilla o por importación.
   b. Desde una plantilla, desde un tema o por importación.
   c. Presentación en blanco, desde un tema o por importación.
   d. Presentación en blanco, desde una plantilla o desde un tema.

4. **¿Cuál de las siguientes acciones no se realiza directamente desde la pestaña Archivo de *PowerPoint?***

   a. Abrir una presentación existente.
   b. Exportar una presentación como vídeo.
   c. Insertar una imagen en una diapositiva.
   d. Guardar una copia de la presentación en *OneDrive.*

5. ¿A través de qué tecla se reproducirá una presentación?

a. F1.
b. F3.
c. F5.
d. F7.

6. ¿Qué combinación de teclas es común tanto a *PowerPoint* como a *Impress* para realizar impresiones de diapositivas?

a. [Ctrl] + [L].
b. [Ctrl] + [P].
c. [Shift] + [L].
d. [Shift] + [P].

7. ¿Es posible imprimir solo una de las diapositivas de la presentación?

a. No, la totalidad de ellas.
b. Solo en el caso de que la presentación tenga una sola diapositiva.
c. Se pueden imprimir una, varias o todas.
d. Sí, pero solo desde *Impress.*

8. ¿Cómo se muestran los diseños que se pueden aplicar a una diapositiva en *PowerPoint?*

a. Desde la barra de menús.
b. Desde la pestaña Insertar de la cinta de opciones.
c. Haciendo clic con el botón derecho sobre la diapositiva.
d. Solo se puede determinar al crear la presentación.

9. ¿Qué grupos de la pestaña Inicio se encargan de ofrecer las herramientas de edición de textos?

a. Fuente y estilos.
b. Fuente y tamaño.
c. Tamaño y estilos.
d. Fuente y párrafo.

10. Diga cuáles de los siguientes recursos no se puede insertar en una diapositiva.

a. Un sonido.
b. Un vídeo.
c. Una carpeta con imágenes.
d. Una fotografía.

Solucionario Capítulo 9

1. **¿Con cuál de los siguientes lenguajes no se complementa HTML para el desarrollo de páginas web?**

    a. PHP.
    b. JAVASCRIPT.
    c. C.
    d. JAVA.

2. **¿Cómo se denomina la empresa de telecomunicaciones que permite el acceso a internet?**

    a. SPI.
    b. PSI.
    c. ISP.
    d. IPS.

3. **¿Cuál de los siguientes protocolos se utiliza para emular conexiones remotas mediante un terminal?**

    a. TELNET.
    b. FTP.
    c. FTTP.
    d. NFS.

4. **¿Cuál de las siguientes combinaciones es incorrecta?**

    a. *Safari-Apple.*
    b. *Internet Explorer-Microsoft.*
    c. *Firefox-Mozilla.*
    d. *Chrome-Adobe.*

5. **¿Mediante qué termino se conoce a las direcciones de las páginas web que se utilizan con más frecuencia?**

   a. Accesos directos.
   b. Favoritos.
   c. Servicios.
   d. Protocolos.

6. **¿Qué páginas se almacenan en el historial?**

   a. Las visitadas recientemente, desde el último día hasta varias semanas.
   b. Solo las visitadas el último día.
   c. Solo las visitadas la última semana.
   d. Siempre se eliminan pasadas unas horas.

7. **¿Qué es recomendable utilizar como página de inicio?**

   a. Un buscador.
   b. La página deportiva favorita.
   c. La página del correo electrónico.
   d. La que se utilice con más frecuencia.

8. **¿Qué significa HTTPS?**

   a. Que se está accediendo a una página de servicios.
   b. Que se está accediendo a una página de seguros.
   c. Que se está accediendo a una página con transferencia de datos segura.
   d. Que se está accediendo a una página con transferencia de datos online.

9. **¿Cuál de los siguientes no es un buscador en red?**

   a. *Google.*
   b. *Bing.*
   c. *Find.*
   d. *Live Search.*

10. ¿Cómo se llama la entidad encargada de emitir y revocar los certificados digitales?

a. Entidad certificadora o autoridad de certificación.
b. Entidad autorizada.
c. Autoridad digital de emisión.
d. Entidad de emisión digital.

Solucionario Capítulo 10

1. **¿Qué protocolo permite comunicarse por correo electrónico?**

   a. SNMT.
   b. SMNT.
   c. SMTP.
   d. SMPT.

2. **¿Dónde se localiza el servidor en el que se aloja una cuenta de correo en su dirección?**

   a. Es imposible saberlo.
   b. Delante del símbolo @.
   c. Dependiendo de su extensión.
   d. A continuación del símbolo @.

3. **¿En qué carpeta se almacenan todos los *e-mails* recibidos?**

   a. En la carpeta de entrada.
   b. En la bandeja de entrada.
   c. En las carpetas locales.
   d. En las bandejas locales.

4. **¿Es posible configurar la carpeta de correo no deseado?**

   a. No, es predefinida por el sistema.
   b. Se puede elegir entre la predeterminada o la papelera de reciclaje.
   c. Sí, desde las opciones de configuración del gestor de correo.
   d. Sí, pero solo desde un servidor web.

5. **¿Dónde se almacenará el contenido de las carpetas personales?**

   a. En el equipo.
   b. En la red.
   c. En el servidor de correo contratado.
   d. En el equipo y en el servidor de correo.

6. **¿Cómo se especificarían los destinatarios si se quisiera enviar un correo sin que estos vieran las direcciones de los demás destinatarios?**

   a. TO.
   b. CC.
   c. BC.
   d. CCO.

7. **¿Es posible adjuntar cualquier archivo a un correo electrónico?**

   a. No.
   b. Solo los formatos convencionales, como documentos de texto, ".pdf", etcétera.
   c. Siempre que no sobrepasen el tamaño máximo soportado por el servidor.
   d. No, pero se podrá hacer en varios correos electrónicos.

8. **¿Desde qué tipo de páginas se puede colaborar en debates con otras personas que tratan un mismo tema escribiendo en ellas?**

   a. Blogs.
   b. Redes sociales.
   c. Foros.
   d. Videoconferencias.

9. **¿Qué elemento no es imprescindible para realizar una videoconferencia?**

   a. Conexión a Internet.
   b. Auriculares y micrófono.
   c. Un equipo potente.
   d. Un emisor y un receptor.

10. **¿Cuál de las siguientes aplicaciones es un sistema de gestión de contenidos (CMS)?**

    a. *Microsoft Teams*
    b. *Moodle*
    c. *WordPress*
    d. *Google Meet*